SCHULWISSEN GRIFFBEREIT

PHYSIK

Schroedel
westermann

So funktioniert *Schulwissen griffbereit*

Ob im Unterricht, bei den Hausaufgaben, zur Vorbereitung auf Klassenarbeiten oder einfach zwischendurch – ***Schulwissen griffbereit*** erklärt dir die wichtigsten Themen der Physik, und zwar anschaulich und übersichtlich.

Auf jeder Seite dieses Nachschlagewerks findest du alle wichtigen Informationen zu einem bestimmten Thema.

In der linken Spalte, also auf gelbem Grund, sind immer die Regeln abgedruckt.
In der rechten Spalte, also auf weißem Grund, findest du typische Beispielaufgaben mit Lösungen.

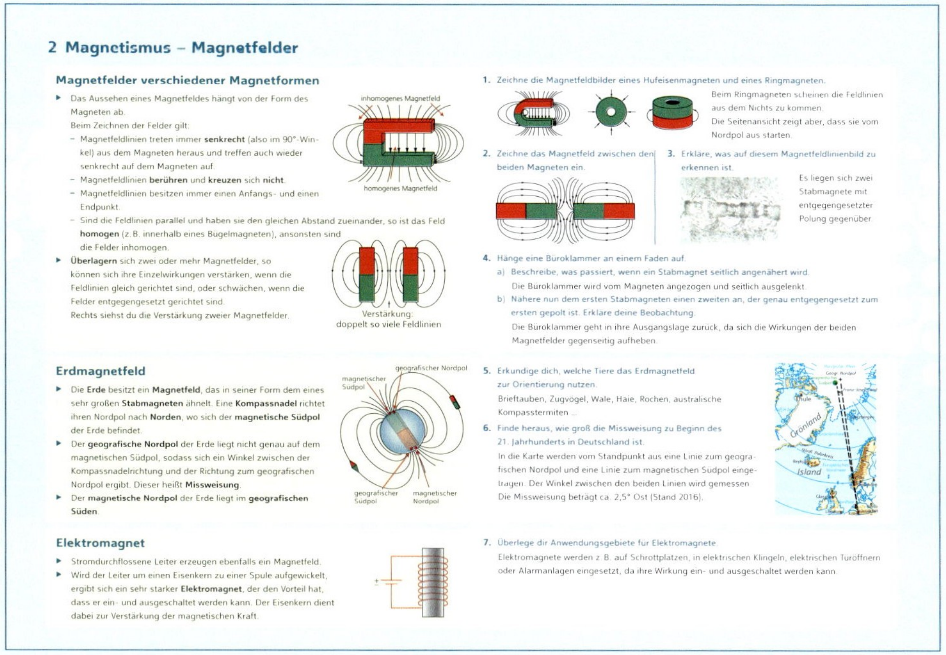

2 Magnetismus – Magnetfelder

Magnetfelder verschiedener Magnetformen

- Das Aussehen eines Magnetfeldes hängt von der Form des Magneten ab.
  Beim Zeichnen der Felder gilt:
  - Magnetfeldlinien treten immer **senkrecht** (also im 90°-Winkel) aus dem Magneten heraus und treffen auch wieder senkrecht auf dem Magneten auf.
  - Magnetfeldlinien **berühren** und **kreuzen** sich **nicht**.
  - Magnetfeldlinien besitzen immer einen Anfangs- und einen Endpunkt.
  - Sind die Feldlinien parallel und haben sie den gleichen Abstand zueinander, so ist das Feld **homogen** (z. B. innerhalb eines Bügelmagneten), ansonsten sind die Felder inhomogen.
- **Überlagern** sich zwei oder mehr Magnetfelder, so können sich ihre Einzelwirkungen verstärken, wenn die Feldlinien gleich gerichtet sind, oder schwächen, wenn die Felder entgegengesetzt gerichtet sind.
  Rechts siehst du die Verstärkung zweier Magnetfelder.

1. Zeichne die Magnetfeldbilder eines Hufeisenmagneten und eines Ringmagneten.
   Beim Ringmagneten scheinen die Feldlinien aus dem Nichts zu kommen.
   Die Seitenansicht zeigt aber, dass sie vom Nordpol aus starten.
2. Zeichne das Magnetfeld zwischen den beiden Magneten ein.
3. Erkläre, was auf diesem Magnetfeldlinienbild zu erkennen ist.
   Es liegen sich zwei Stabmagnete mit entgegengesetzter Polung gegenüber.
4. Hänge eine Büroklammer an einem Faden auf.
   a) Beschreibe, was passiert, wenn ein Stabmagnet seitlich angenähert wird.
   Die Büroklammer wird vom Magneten angezogen und seitlich ausgelenkt.
   b) Nähere nun dem ersten Stabmagneten einen zweiten an, der genau entgegengesetzt zum ersten gepolt ist. Erkläre deine Beobachtung.
   Die Büroklammer geht in ihre Ausgangslage zurück, da sich die Wirkungen der beiden Magnetfelder gegenseitig aufheben.

Erdmagnetfeld

- Die **Erde** besitzt ein **Magnetfeld**, das in seiner Form dem eines sehr großen **Stabmagneten** ähnelt. Eine **Kompassnadel** richtet ihren Nordpol nach **Norden**, wo sich der **magnetische Südpol** der Erde befindet.
- Der **geografische Nordpol** der Erde liegt nicht genau auf dem magnetischen Südpol, sodass sich ein Winkel zwischen der Kompassnadelrichtung und der Richtung zum geografischen Nordpol ergibt. Dieser heißt **Missweisung**.
- Der **magnetische Nordpol** der Erde liegt im **geografischen Süden**.

5. Erkundige dich, welche Tiere das Erdmagnetfeld zur Orientierung nutzen.
   Brieftauben, Zugvögel, Wale, Haie, Rochen, australische Kompasstermiten …
6. Finde heraus, wie groß die Missweisung zu Beginn des 21. Jahrhunderts in Deutschland ist.
   In die Karte werden vom Standpunkt aus eine Linie zum geografischen Nordpol und eine Linie zum magnetischen Südpol eingetragen. Der Winkel zwischen den beiden Linien wird gemessen.
   Die Missweisung beträgt ca. 2,5° Ost (Stand 2016).

Elektromagnet

- Stromdurchflossene Leiter erzeugen ebenfalls ein Magnetfeld.
- Wird der Leiter um einen Eisenkern zu einer Spule aufgewickelt, ergibt sich ein sehr starker **Elektromagnet**, der den Vorteil hat, dass er ein- und ausgeschaltet werden kann. Der Eisenkern dient dabei zur Verstärkung der magnetischen Kraft.

7. Überlege dir Anwendungsgebiete für Elektromagnete.
   Elektromagnete werden z. B. auf Schrottplätzen, in elektrischen Klingeln, elektrischen Türöffnern oder Alarmanlagen eingesetzt, da ihre Wirkung ein- und ausgeschaltet werden kann.

Wenn es mal schnell gehen muss, hilft die App ***Schulwissen griffbereit*** weiter.

Hier findest du die wichtigsten Inhalte des Buchs zum schnellen Nachschlagen für unterwegs.

Und das Beste ist: In der App hast du Zugriff auf alle Fächer, für die es ***Schulwissen griffbereit*** gibt.

Die App gibt es für Android und iOS. Einfach ***Schulwissen griffbereit*** im Store eingeben und kostenlos herunterladen.

Wir wünschen dir viel Erfolg mit ***Schulwissen griffbereit***!

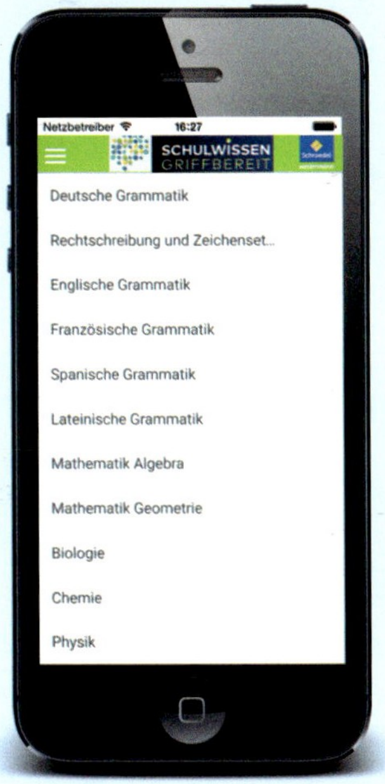

Inhaltsverzeichnis

1 Magnetismus – Dauermagnete, Magnetisieren

Permanentmagnete/Dauermagnete

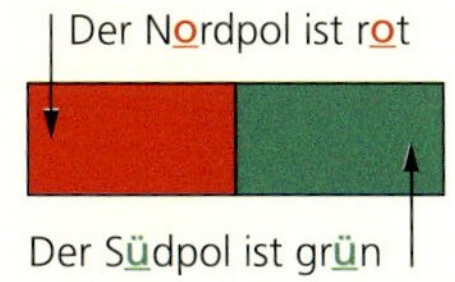

- Gegenstände, die ferromagnetische Stoffe (wie z. B. Eisen, Nickel und Kobalt) anziehen, heißen **Permanentmagnete** oder **Dauermagnete**.
- Magnete sind **Dipole**, d. h. jeder Magnet besitzt immer **zwei** Pole, einen **Nord-** und einen **Südpol**. Magnetische Einzelpole gibt es nicht.
- Da an den Enden des Magneten die meisten Nägel, Büroklammern o. Ä. angezogen werden, liegen dort die Pole. An den Polen ist die Anziehungskraft am stärksten.
- Gleichnamige Pole stoßen sich ab, ungleichnamige ziehen sich an.

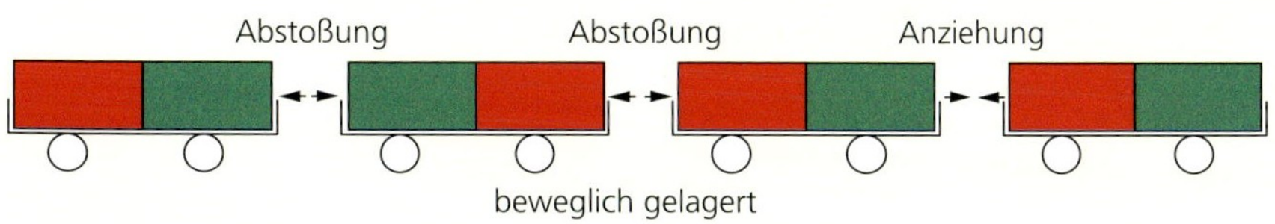

1. Nenne mindestens fünf Dinge aus dem Alltag, die von Magneten angezogen werden.
   Büroklammer, Schere, Eisennägel, 2-Cent-Stück, Heizkörper, PC-Gehäuse …
2. Permanentmagnete gibt es in unterschiedlichen Formen. Zeichne einen Stabmagneten, einen Bügelmagneten, einen Hufeisenmagneten und einen Ringmagneten und kennzeichne ihre Nord- und Südpole.

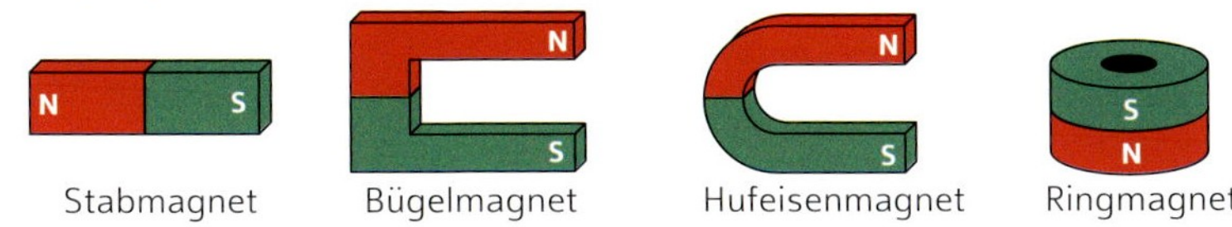

3. Magnete können schweben. Zeichne in der Grafik rechts ein, wie die Pole der Magneten sich dafür gegenüberliegen müssen.

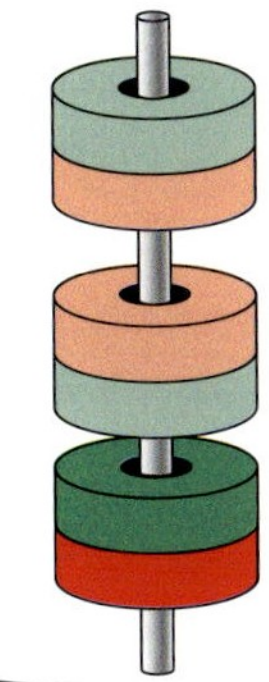

Magnetisieren und Entmagnetisieren

- Zerteilt man einen Magneten, so besitzen die neuen Teilstücke jeweils wieder einen Nord- und einen Südpol, da es keine magnetischen Einzelpole gibt.
  Damit kann **modellhaft** angenommen werden, dass es einen kleinsten Magneten mit Nord- und Südpol gibt, den **Elementarmagneten**.
- In unmagnetisierten ferromagnetischen Stoffen sind die Elementarmagnete ungeordnet.
- Zum **Magnetisieren** werden diese Elementarmagnete so ausgerichtet, dass gleiche Pole in die gleiche Richtung zeigen. Diese Ordnung kann dadurch erreicht werden, dass an dem Stoff mit einem Pol eines starken Permanentmagneten entlanggestrichen wird.
- Zum **Entmagnetisieren** muss diese Ordnung zerstört werden. Dies kann durch eine starke Erschütterung, wie z. B. durch Fallenlassen oder durch starkes Erhitzen geschehen.

4. Beschreibe, was in den Grafiken dargestellt ist.

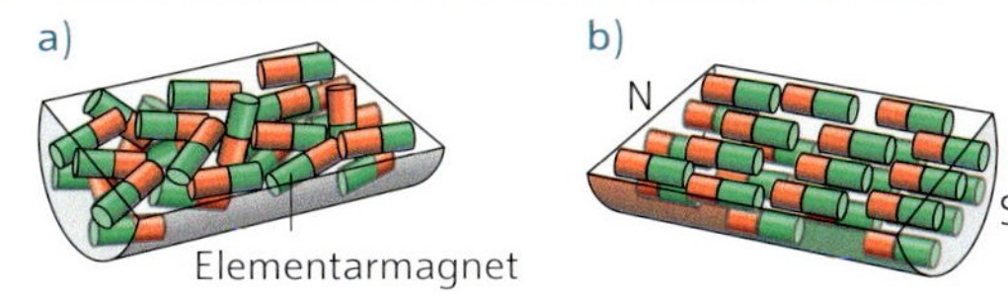

In Grafik a) ist ein ferromagnetischer Körper dargestellt, dessen Elementarmagnete noch ungeordnet sind.
Er ist unmagnetisiert.
In Grafik b) sind die Elementarmagnete geordnet.
Der Körper hat einen Nord- und einen Südpol.

Magnetfelder

- Der Bereich, in dem die Kraft eines Magneten wirkt, heißt **Magnetfeld**.
  Je größer die Entfernung vom Magneten ist, desto schwächer wird diese Kraft.
- Durch **Magnetfeldlinien** lässt sich die Richtung der Kraft darstellen. Magnetfeldlinien verlaufen vom Nord- zum Südpol. Mithilfe von Eisenspänen oder Kompassnadeln können sie sichtbar gemacht werden.
- Je dichter die Magnetfeldlinien sind, desto stärker ist das Feld bzw. die Kraft.

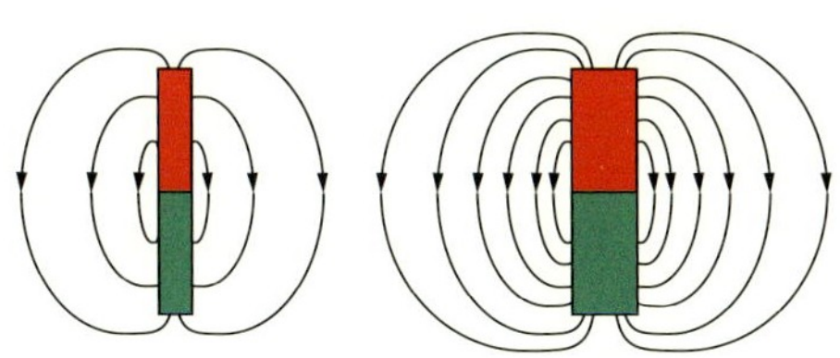

5. Beschreibe, was auf den Bildern dargestellt ist.

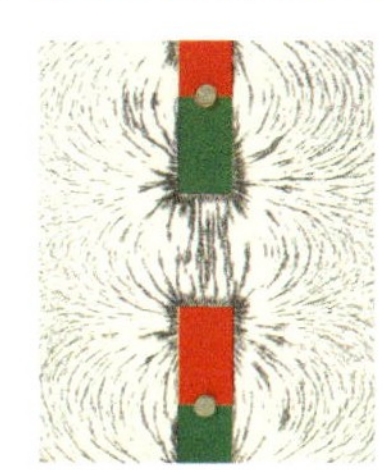	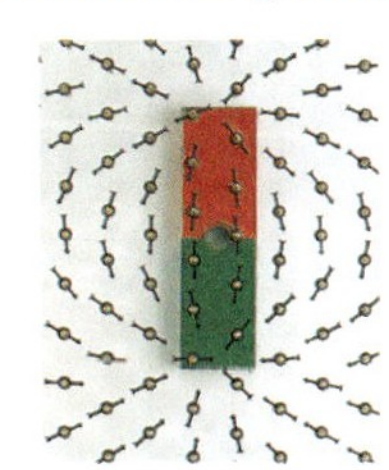	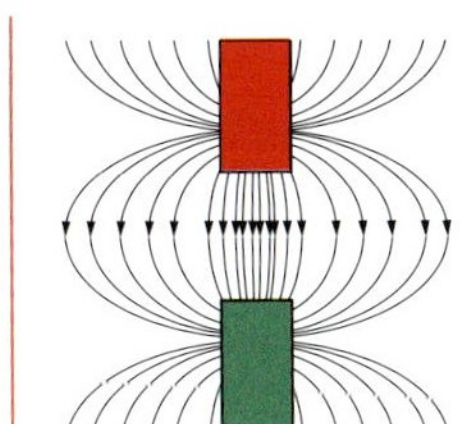	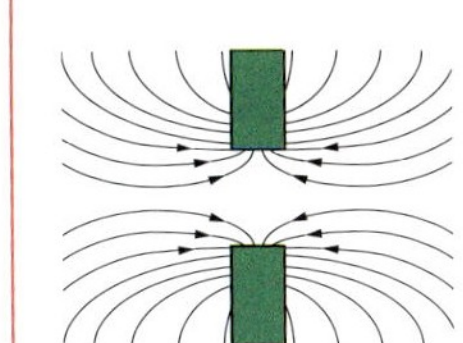
Darstellung des Magnetfeldes mit Eisenspänen	Darstellung des Magnetfeldes mit Kompassnadeln	Magnetfeldlinien, Anziehung, ungleichnamige Pole	Magnetfeldlinien, Abstoßung, gleichnamige Pole

2 Magnetismus – Magnetfelder

Magnetfelder verschiedener Magnetformen

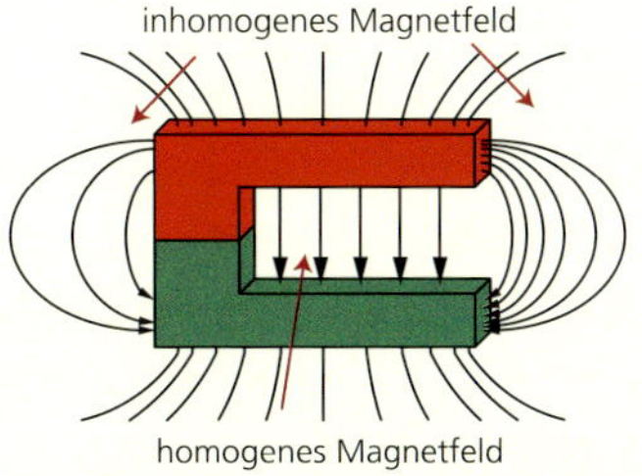

- Das Aussehen eines Magnetfeldes hängt von der Form des Magneten ab.
  Beim Zeichnen der Felder gilt:
  - Magnetfeldlinien treten immer **senkrecht** (also im 90°-Winkel) aus dem Magneten heraus und treffen auch wieder senkrecht auf dem Magneten auf.
  - Magnetfeldlinien **berühren** und **kreuzen** sich **nicht**.
  - Magnetfeldlinien besitzen immer einen Anfangs- und einen Endpunkt.
  - Sind die Feldlinien parallel und haben sie den gleichen Abstand zueinander, so ist das Feld **homogen** (z. B. innerhalb eines Bügelmagneten), ansonsten sind die Felder inhomogen.
- **Überlagern** sich zwei oder mehr Magnetfelder, so können sich ihre Einzelwirkungen verstärken, wenn die Feldlinien gleich gerichtet sind, oder schwächen, wenn die Felder entgegengesetzt gerichtet sind.
  Rechts siehst du die Verstärkung zweier Magnetfelder.

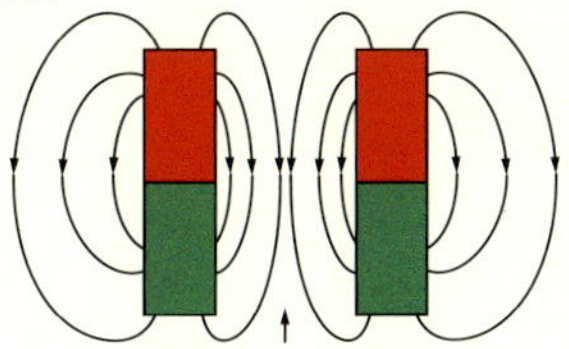
Verstärkung:
doppelt so viele Feldlinien

1. Zeichne die Magnetfeldbilder eines Hufeisenmagneten und eines Ringmagneten.

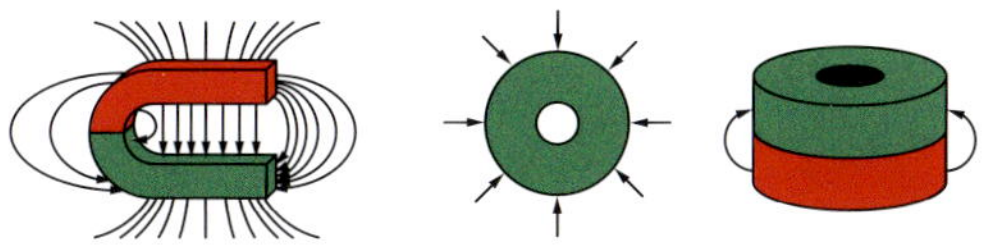

Beim Ringmagneten scheinen die Feldlinien aus dem Nichts zu kommen.
Die Seitenansicht zeigt aber, dass sie vom Nordpol aus starten.

2. Zeichne das Magnetfeld zwischen den beiden Magneten ein.

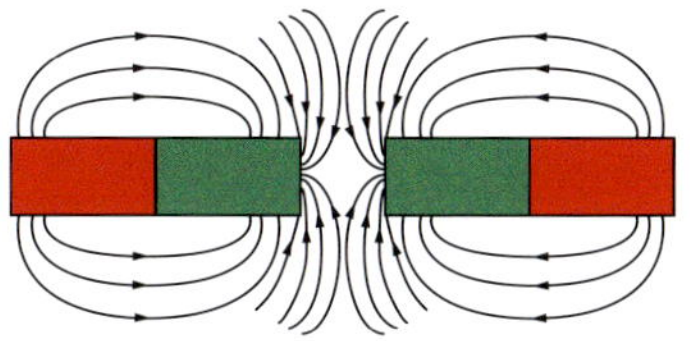

3. Erkläre, was auf diesem Magnetfeldlinienbild zu erkennen ist.

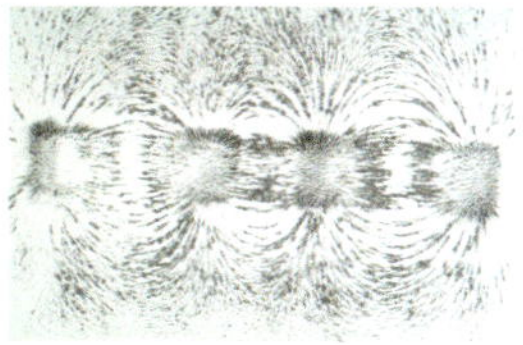

Es liegen sich zwei Stabmagnete mit entgegengesetzter Polung gegenüber.

4. Hänge eine Büroklammer an einem Faden auf.

a) Beschreibe, was passiert, wenn ein Stabmagnet seitlich angenähert wird.
Die Büroklammer wird vom Magneten angezogen und seitlich ausgelenkt.

b) Nähere nun dem ersten Stabmagneten einen zweiten an, der genau entgegengesetzt zum ersten gepolt ist. Erkläre deine Beobachtung.
Die Büroklammer geht in ihre Ausgangslage zurück, da sich die Wirkungen der beiden Magnetfelder gegenseitig aufheben.

Erdmagnetfeld

- Die **Erde** besitzt ein **Magnetfeld**, das in seiner Form dem eines sehr großen **Stabmagneten** ähnelt. Eine **Kompassnadel** richtet ihren Nordpol nach **Norden**, wo sich der **magnetische Südpol** der Erde befindet.
- Der **geografische Nordpol** der Erde liegt nicht genau auf dem magnetischen Südpol, sodass sich ein Winkel zwischen der Kompassnadelrichtung und der Richtung zum geografischen Nordpol ergibt. Dieser heißt **Missweisung**.
- Der **magnetische Nordpol** der Erde liegt im **geografischen Süden**.

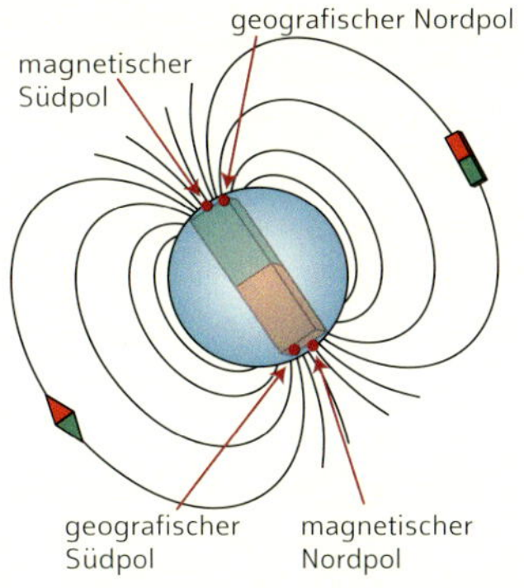

5. Erkundige dich, welche Tiere das Erdmagnetfeld zur Orientierung nutzen.
Brieftauben, Zugvögel, Wale, Haie, Rochen, australische Kompasstermiten ...

6. Finde heraus, wie groß die Missweisung zu Beginn des 21. Jahrhunderts in Deutschland ist.
In die Karte werden vom Standpunkt aus eine Linie zum geografischen Nordpol und eine Linie zum magnetischen Südpol eingetragen. Der Winkel zwischen den beiden Linien wird gemessen.
Die Missweisung beträgt ca. 2,5° Ost (Stand 2016).

Elektromagnet

- Stromdurchflossene Leiter erzeugen ebenfalls ein Magnetfeld.
- Wird der Leiter um einen Eisenkern zu einer Spule aufgewickelt, ergibt sich ein sehr starker **Elektromagnet**, der den Vorteil hat, dass er ein- und ausgeschaltet werden kann. Der Eisenkern dient dabei zur Verstärkung der magnetischen Kraft.

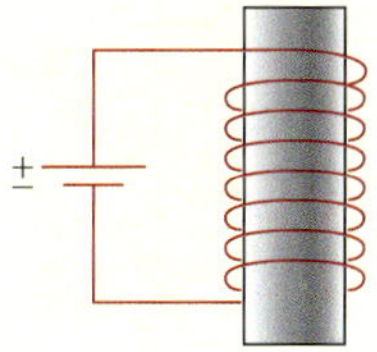

7. Überlege dir Anwendungsgebiete für Elektromagnete.
Elektromagnete werden z. B. auf Schrottplätzen, in elektrischen Klingeln, elektrischen Türöffnern oder Alarmanlagen eingesetzt, da ihre Wirkung ein- und ausgeschaltet werden kann.

3 Licht und Lichtausbreitung – Sehen, Lichtquellen, Ausbreitung des Lichts und Schatten

Sehen und Lichtquellen

- Ein Körper kann nur gesehen werden, wenn Licht von ihm ins Auge fällt.
- Dabei wird unterschieden in:
  - **Lichtquellen**: Körper, die selber Licht erzeugen.
  - **Beleuchtete Körper**: Körper, die auf sie auftreffendes Licht zurückwerfen (reflektieren).

1. Zeichne den Sehvorgang in die Grafik ein.

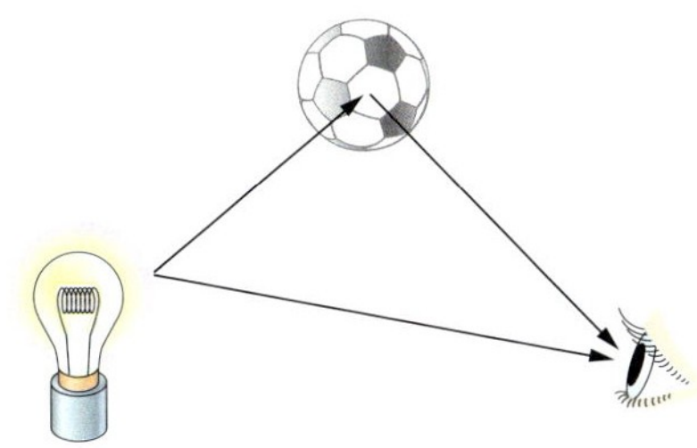

2. Nenne Beispiele für natürliche Lichtquellen, künstliche Lichtquellen sowie beleuchtete Körper.

natürliche Lichtquellen: Sonne, andere Sterne, Blitze, Glühwürmchen und manche Tiefseefische oder Pilze, ...

künstliche Lichtquellen: Lampen, Kerzen, Laser, Leuchtdioden, ...

beleuchtete Körper: Mond, Buch, Tisch, Tafel, ...

Ausbreitung des Lichts

- Licht selbst ist **unsichtbar**, kann aber durch Gegenstände, auf die es trifft, sichtbar gemacht werden.
- Licht breitet sich **geradlinig** aus.
- Licht kann durch **Blenden eingegrenzt** werden, sodass **Lichtbündel** entstehen. In Zeichnungen wird mit **Lichtstrahlen** gearbeitet. Sie bilden die (theoretischen) **Rand-** oder **Grenzstrahlen** von Lichtbündeln.

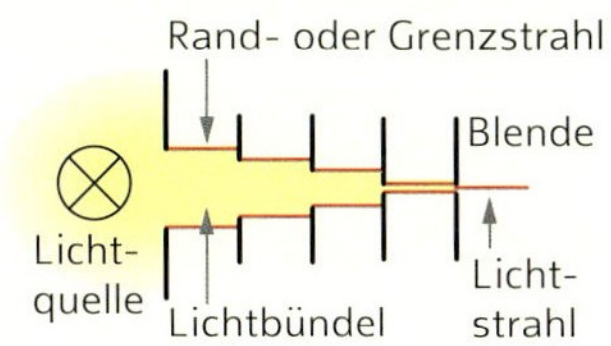

3. Beschreibe und skizziere einen Versuch, mit dem du Licht sichtbar machen kannst.

Kreidestaub wird in den Lichtkegel einer Taschenlampe gestreut. An den Staubkörnchen wird das Licht reflektiert und trifft in unser Auge, es wird sichtbar.

(Anstatt Kreidestaub kann auch Mehl oder Wassernebel verwendet werden.)

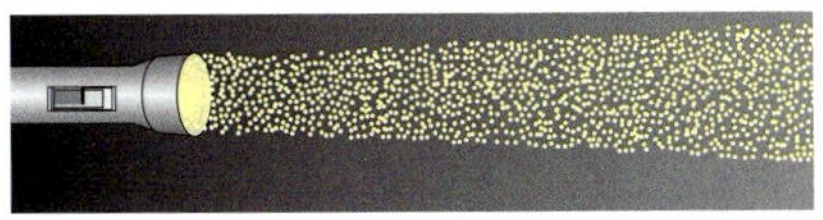

Schatten

- Wird das Licht in der Ausbreitung durch einen Körper behindert, entsteht ein **Schatten**:
  Schatten ist das **Fehlen von Licht**.
- Der Raum hinter dem Körper heißt **Schattenraum**.
- Das auf einem Schirm S dahinter entstehende Bild heißt **Schattenbild**.
- **Punktförmige** Lichtquellen erzeugen scharf umrissene Schattenbilder.
- Das Schattenbild wird umso größer,
  - je näher der Körper an die Lichtquelle heranrückt (a).
  - je weiter der Schirm vom Körper entfernt ist (b).
- Bei zwei oder mehr Lichtquellen entstehen
  - ein **Kernschatten**: der Bereich, in den absolut kein Licht eindringt.
  - mehrere **Halbschatten**: Bereiche, in die das Licht mindestens einer Lichtquelle eindringt.
- **Ausgedehnte** Lichtquellen erzeugen weiche **Übergangsschatten**.

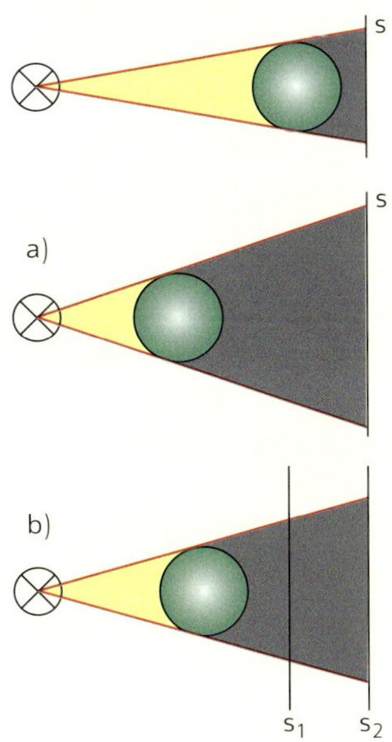

4. Zeichne jeweils den Schattenraum und das Schattenbild.

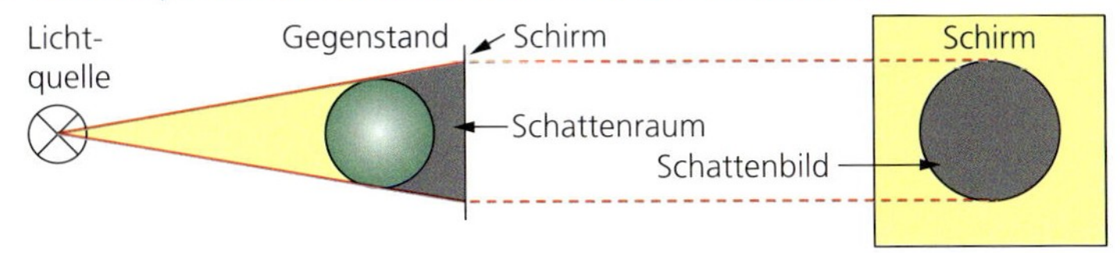

5. Konstruiere den Kern- und die Halbschatten und beschrifte.

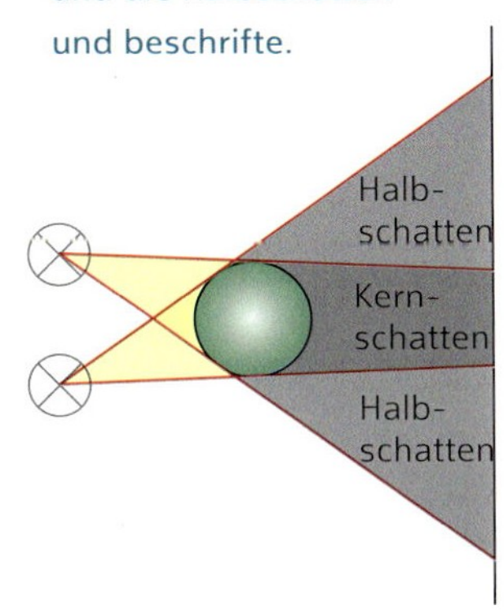

6. Konstruiere die Schatten. Was fällt auf?

Der Schirm steht so weit vom Gegenstand entfernt, dass der Schattentraum des Kernschattens nicht mehr bis auf den Schirm reicht. Zwischen den beiden Halbschatten ist Licht zu sehen.

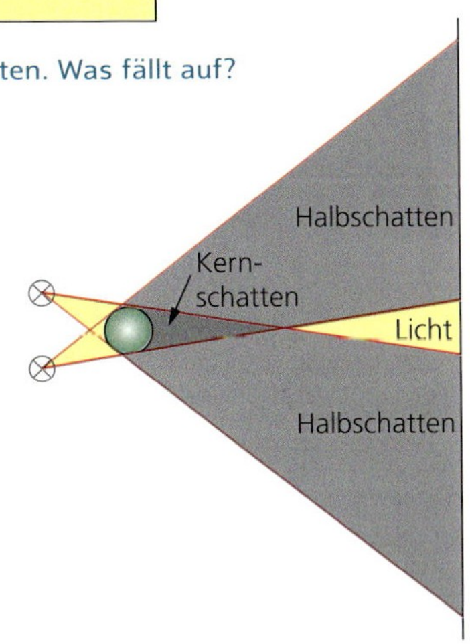

4 Licht und Lichtausbreitung – Erd- und Mondschatten, Lichtdurchlässigkeit

Erd- und Mondschatten

- Auf der von der Sonne beleuchteten Kugelhälfte der Erde ist **Tag**, auf der anderen Seite herrscht **Nacht**. Da sich die Erde um sich selbst dreht, besteht ein ständiger Wechsel zwischen Tag und Nacht.

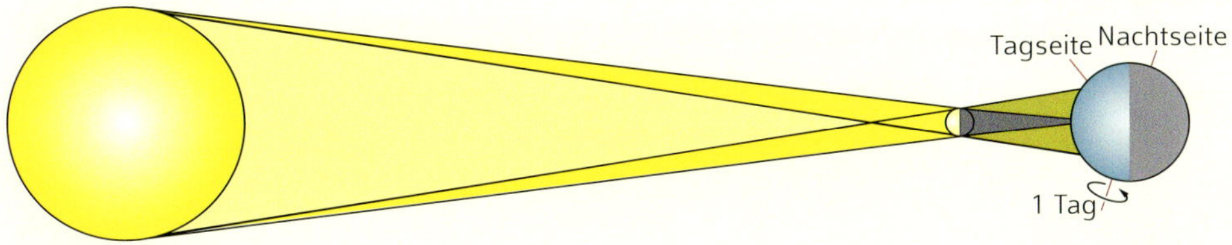

- **Mondphasen:**
  Die **Mondphasen** entstehen durch die Bewegung des Mondes um die Erde. Sie werden durch die Form des Schattens und des Lichts auf dem Mond gekennzeichnet (von der Erde aus gesehen).
  Für eine komplette Umrundung der Erde benötigt der Mond ca. 30 Tage.
  - **Vollmond**: Die von der Erde sichtbare Seite des Mondes wird vollständig von der Sonne beleuchtet.
  - **Halbmond**: Nur die Hälfte der sichtbaren Seite des Mondes wird beleuchtet.
  - **Neumond**: Am Taghimmel zeigt die unbeleuchtete Seite des Mondes zur Erde.

- Bei einer **Sonnenfinsternis** befindet sich der Mond genau zwischen Sonne und Erde.
  Im Kernschatten des Mondes (ca. 250 km Durchmesser) kann eine **totale Sonnenfinsternis** beobachtet werden. In den Halb- bzw. Übergangsschatten dringt noch teilweise Sonnenlicht ein. Es liegt eine **partielle Sonnenfinsternis** vor.
- Bei einer **Mondfinsternis** befindet sich die Erde genau zwischen Sonne und Mond, sodass der Mond durch den Kernschatten der Erde läuft.
  Die der Erde zugewandte Seite des Mondes wird von dem Licht der Sonne nicht beleuchtet, sodass eine **Mondfinsternis** beobachtet werden kann.

Lichtundurchlässig und lichtdurchlässig

Trifft Licht auf Gegenstände, so gibt es für den weiteren Lichtweg verschiedene Möglichkeiten:

- **Reflexion:** Bei glatten Oberflächen wird das Licht in eine ganz bestimmte Richtung umgelenkt, es wird reflektiert.
- **Streuung:** Das Licht wird ebenfalls reflektiert, aber in unterschiedliche Richtungen.
- **Absorption:** Raue und dunkle Oberflächen erscheinen schwarz, wenn Licht auf sie trifft.
  Das Licht verlässt die Oberfläche nicht mehr, sondern wird von ihr aufgenommen (absorbiert).
- Durch **durchsichtige** oder **durchscheinende** Körper geht das Licht vollständig durch oder es wird teilweise gestreut. Sie werden als **lichtdurchlässig** bezeichnet.

1. Zeichne die Tag- und Nachtseite der Erde und des Mondes ein.

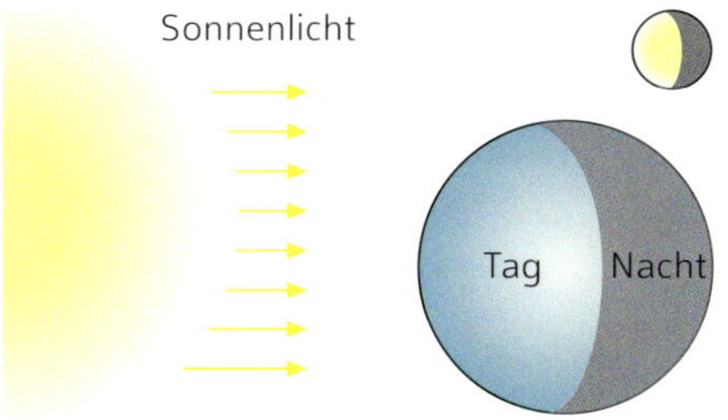

2. Schraffiere die Nachtseite des Mondes.

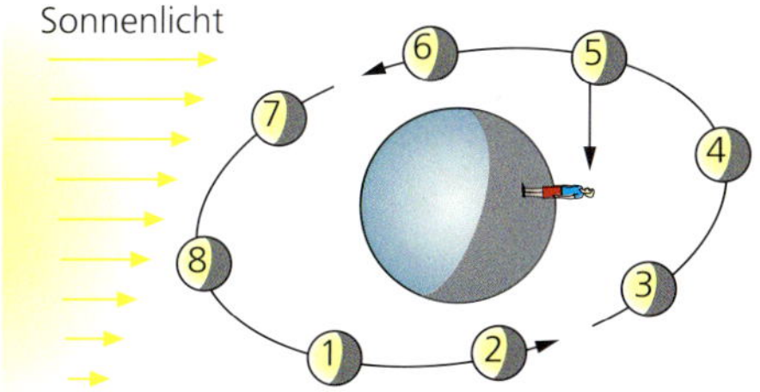

3. Ordne die Mondphasen den einzelnen Positionen aus Aufgabe 2 zu, indem du Licht und Schatten einzeichnest. Benenne die wichtigsten Mondphasen.

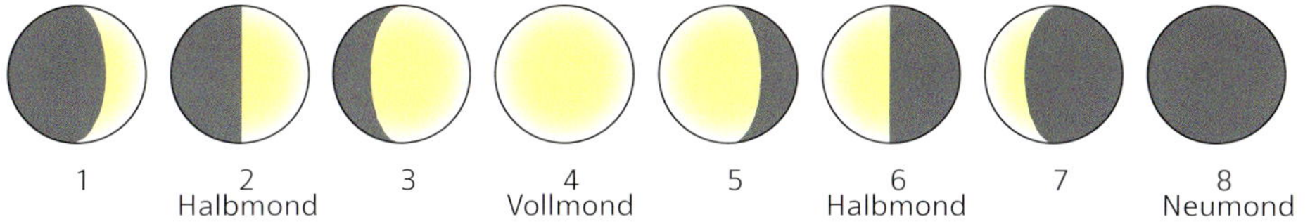

4. Zeichne die Halb- und Kernschatten ein und benenne die Bereiche der partiellen und totalen Sonnenfinsternis sowie der Mondfinsternis.

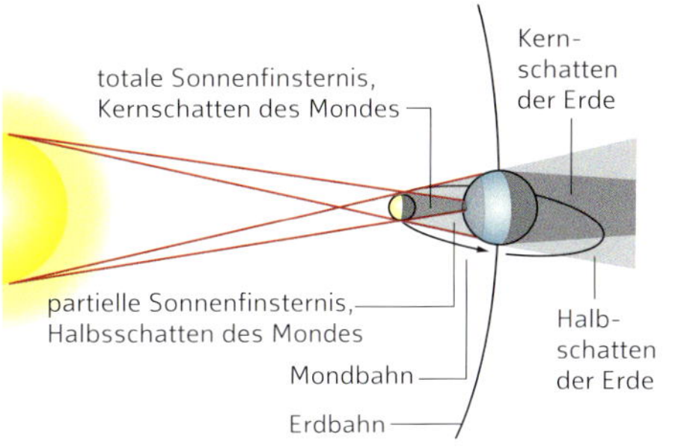

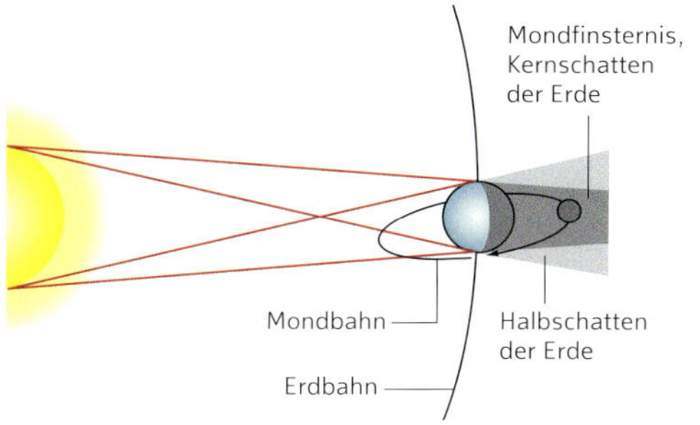

5. Ordne den Lichtwegen die Begriffe ***Absorption, Reflexion, durchsichtig, durchscheinend*** und ***Streuung*** zu. Nenne Gegenstände, an denen diese Lichtwege auftreten.

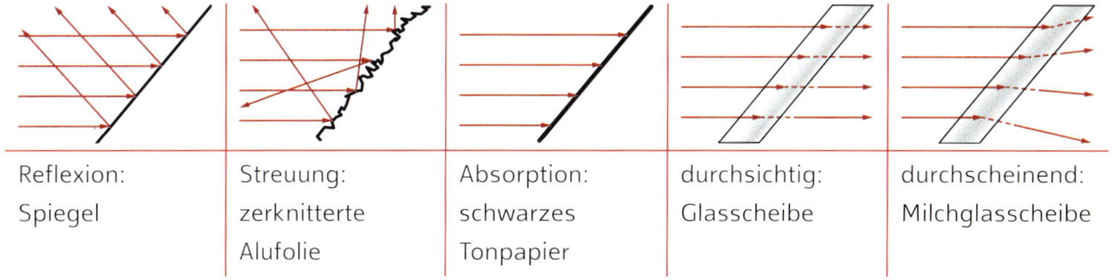

5 Licht und Lichtausbreitung – Reflexion und Brechung

Reflexion an Oberflächen

- Lichtstrahlen werden von Oberflächen zurückgeworfen, sie werden **reflektiert**.
- Bei glatten Oberflächen entsteht ein klares Spiegelbild.
  Je rauer die Oberfläche ist, desto ungenauer wird das Spiegelbild.

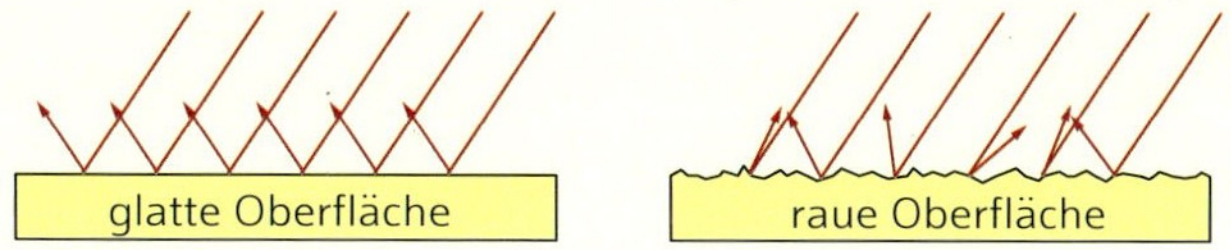

1. Nenne Einsatzgebiete im Straßenverkehr, in denen die Reflexion von Licht zur Sicherheit beiträgt.

Reflektoren an Fahrrädern, Warnwesten, Straßenschilder und Leuchtstreifen an großen Lkw werfen das Scheinwerferlicht des Autos zum Autofahrer zurück (Tieraugen übrigens auch).

2. Erkläre, warum bei einem windstillen Tag die Landschaft in der Oberfläche eines Sees besser zu erkennen ist als an einem windigen Tag.

Bei einem windstillen Tag werden die Lichtstrahlen in eine Richtung reflektiert, bei der durch den Wind aufgerauten Oberfläche werden die Strahlen in unterschiedliche Richtungen reflektiert.

Reflexionsgesetz und Spiegelbilder

- Der **Einfallswinkel** α_1 zwischen dem **Einfallsstrahl** und dem **Lot** ist dabei genauso groß wie der **Reflexionswinkel** α_2 zwischen dem **Reflexionsstrahl** und dem **Lot**. Kurz: Es gilt das **Reflexionsgesetz**: $\alpha_1 = \alpha_2$.
- Konstruktion des Reflexionsstrahls:

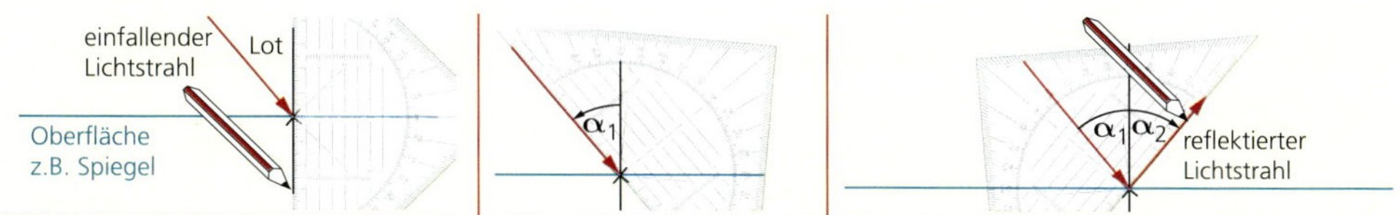

1. Zeichne das Lot im Auftreffpunkt des Einfallsstrahls auf den Spiegel ein.
2. Miss den Einfallswinkel: $\alpha_1 = 40°$
3. Trage den Reflexionswinkel auf der anderen Seite des Lotes ab und zeichne den Reflexionsstrahl ein.

Für **Spiegelbilder** gilt:

- Das Spiegelbild erscheint hinter dem Spiegel.
  Es ist **virtuell**, also nur scheinbar da. Der Gegenstand ist **reell**.
- Der Gegenstand und das Spiegelbild sind zueinander **symmetrisch**, wobei der Spiegel die Symmetrieachse bildet.
- **Vorn** und **hinten** sind vertauscht.
  Links und **rechts** sowie **oben** und **unten** bleiben gleich.

3. Beschrifte die Grafik.

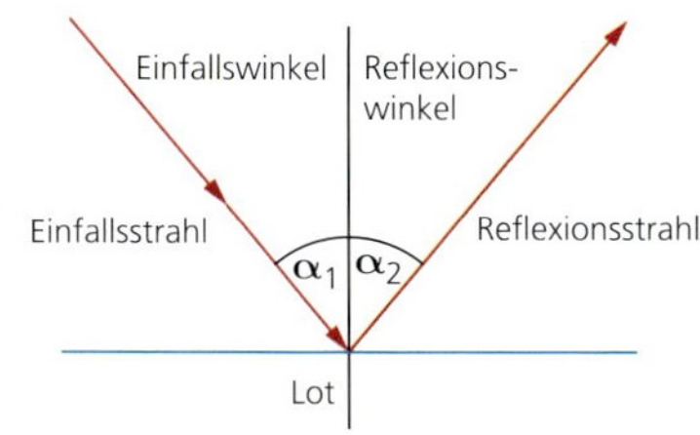

4. Konstruiere das Spiegelbild. Bestimme den Abstand x des Spiegelbildes vom Spiegel und die Größe h des Spiegels.

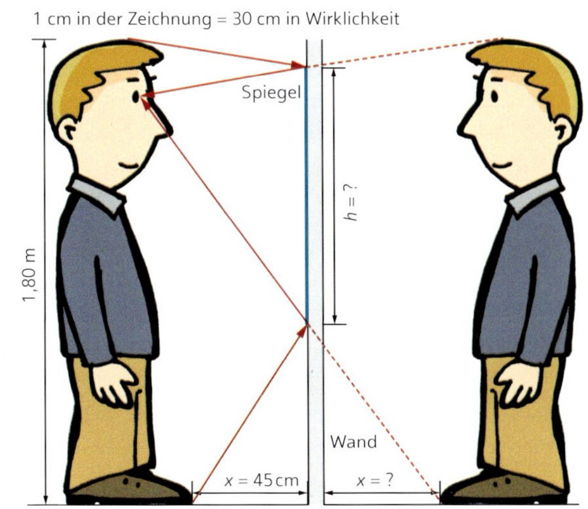

Aus der Zeichnung lässt sich abmessen, dass $x = 1{,}5\,\text{cm} \mathrel{\hat=} 45\,\text{cm}$ und $h = 3{,}3\,\text{cm} \mathrel{\hat=} 99\,\text{cm}$ betragen.

Brechung

- Trifft ein Lichtstrahl auf eine Grenzfläche zwischen zwei Medien, knickt der Lichtstrahl ab, er wird **gebrochen**.
- Geht der Lichtstrahl vom optisch dünneren zum optisch dichteren Medium, wird der Lichtstrahl zum Lot hin gebrochen.
- Geht der Lichtstrahl vom optisch dichteren zum optisch dünneren Medium, wird der Lichtstrahl vom Lot weg gebrochen.

5. Nenne zwei Materialien, die optisch dichter als Luft sind.

Wasser, Glas / Plexiglas, Diamant

6. Zeichne den gebrochenen Lichtstrahl ein.

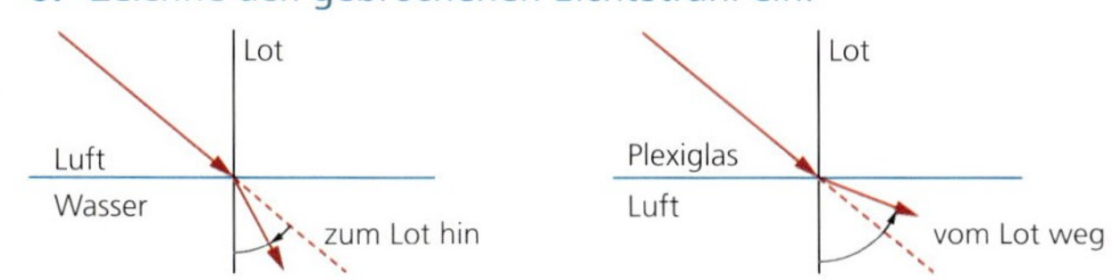

7. Zeichne den Strahlenverlauf ein.

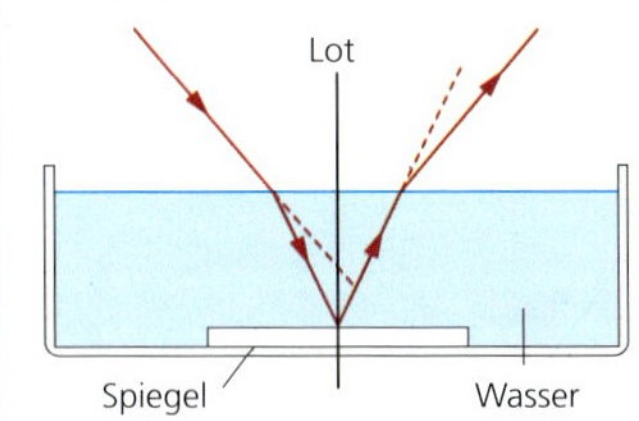

6 Licht und Lichtwege – Lochkamera, Sammel- und Zerstreuungslinsen

Lochkamera

- Die Lochkamera (auch: *camera obscura*) besteht aus einer Lochblende und einem Schirm. Das entstehende Bild ist seitenverkehrt und steht auf dem Kopf.
- Je kleiner die Blendenöffnung ist, desto schärfer, aber auch dunkler ist das Bild. Die **Bildgröße *B*** hängt von der **Gegenstandsgröße *G***, der **Gegenstandsweite *g*** (der Abstand des Gegenstandes von der Blende) und der **Bildweite *b*** (der Abstand des Bildes von der Blende) ab. Für den **Abbildungsmaßstab *A*** gilt: $A = \frac{B}{G} = \frac{b}{g}$

1. Die Kerzenflamme wird auf dem Schirm abgebildet. Beschrifte die Zeichnung mit den Größen *G*, *B*, *g* und *b*.

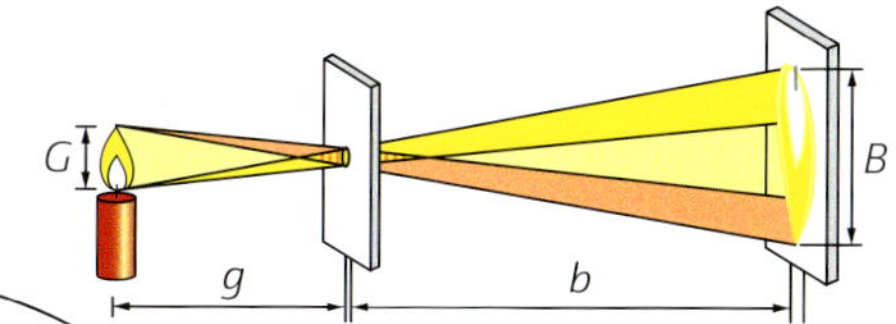

2. Bestimme den Abbildungsmaßstab. Beschrifte vollständig.

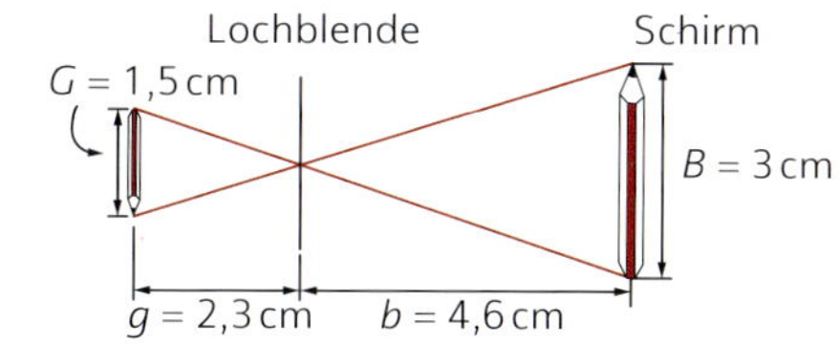

$A = \frac{b}{g} = \frac{4{,}6\,\text{cm}}{2{,}3\,\text{cm}} = 2$ oder: $A = \frac{B}{G} = \frac{3\,\text{cm}}{1{,}5\,\text{cm}} = 2$

Sammellinsen (Konvexlinsen, in der Mitte dicker als am Rand)

- Gehen parallele Lichtbündel durch eine **Sammellinse**, werden sie so gebrochen, dass sie sich hinter der Linse in einem Punkt schneiden. Sie werden dort **gesammelt**. Der Schnittpunkt ist der **Brennpunkt *F***. Der Abstand von der **Mittelebene** der Linse zum Brennpunkt heißt **Brennweite *f***.
- Die **Brechkraft *D*** der Linse gibt an, wie stark die Lichtbündel gebrochen werden. Je größer *D* ist, desto kleiner ist *f*. *D* wird in der Einheit Dioptrie (dpt) angegeben. Es gilt: $D = \frac{1}{f}$.
- Der **achsparallele Strahl** verläuft vor der Linse parallel zur **optischen Achse** (horizontale Symmetrieachse der Linse) und wird an der **Mittelebene** dann so gebrochen, dass er durch den Brennpunkt geht.
- Der **Brennpunktstrahl** verläuft vor der Linse durch den Brennpunkt und wird an der Mittelebene so gebrochen, dass er danach parallel zur optischen Achse verläuft.
- Der **Mittelpunktstrahl** verläuft gerade durch den Schnittpunkt der optischen Achse und der Mittelebene der Linse. Er wird nicht gebrochen. Es gilt die **Abbildungsformel** oder **Linsengleichung:** $\frac{1}{f} = \frac{1}{g} + \frac{1}{b}$.

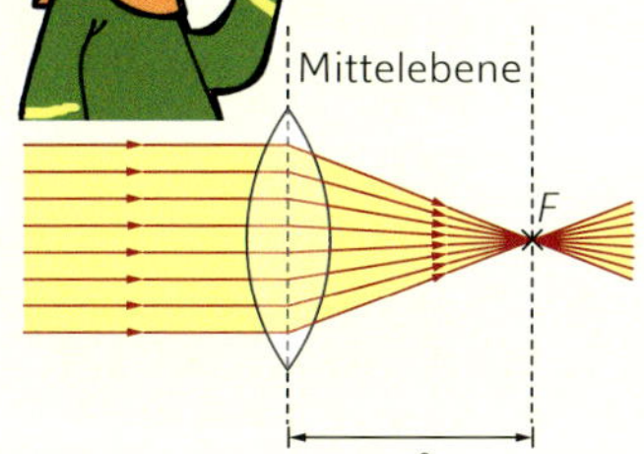

3. Beschrifte.

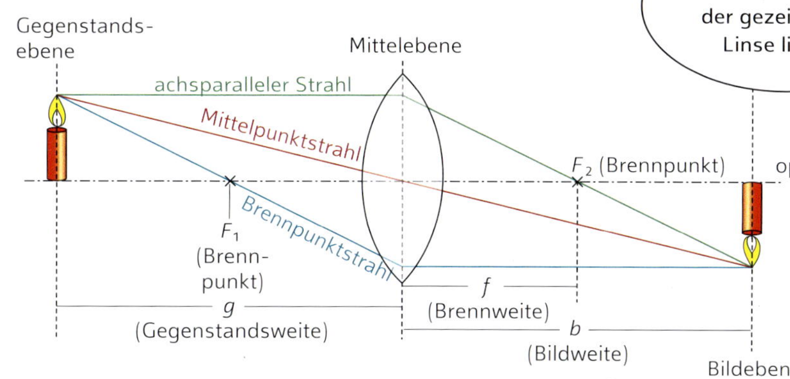

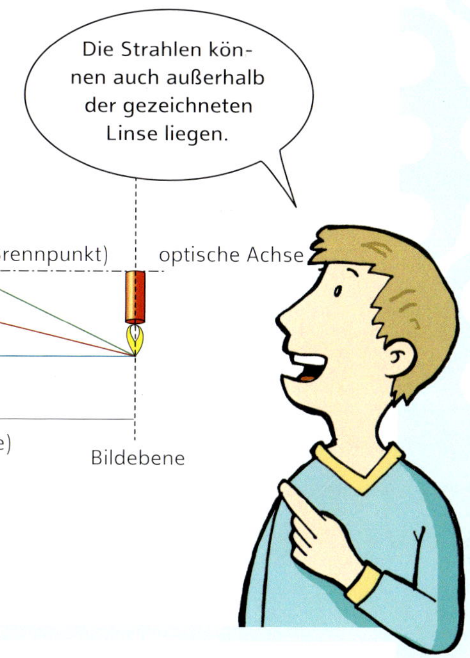

Zerstreuungslinsen (Konkavlinsen, in der Mitte dünner als am Rand)

- Eine Zerstreuungslinse fächert parallele Lichtbündel auf. Der Brennpunkt der Linse liegt auf der Gegenstandsseite. Die Konstruktion der Strahlen erfolgt wie bei einer Sammellinse.

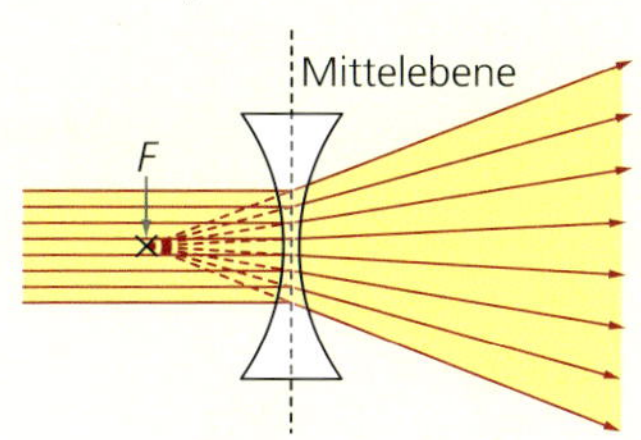

4. Konstruiere die Strahlengänge der Konvex- und der Konkavlinse, wenn sie jeweils mit Brennpunktstrahlen beleuchtet werden. Erkläre, was das bedeutet.

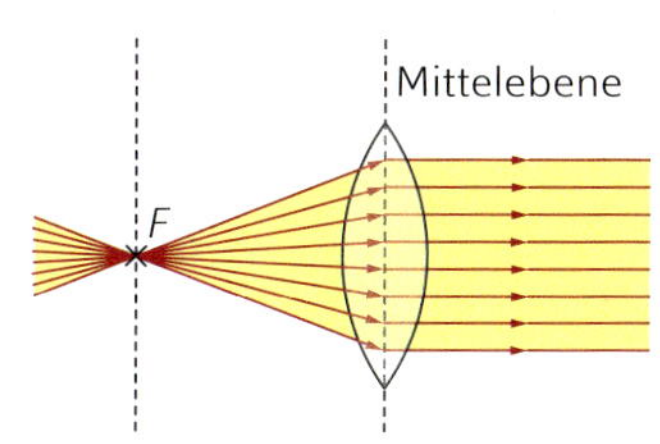

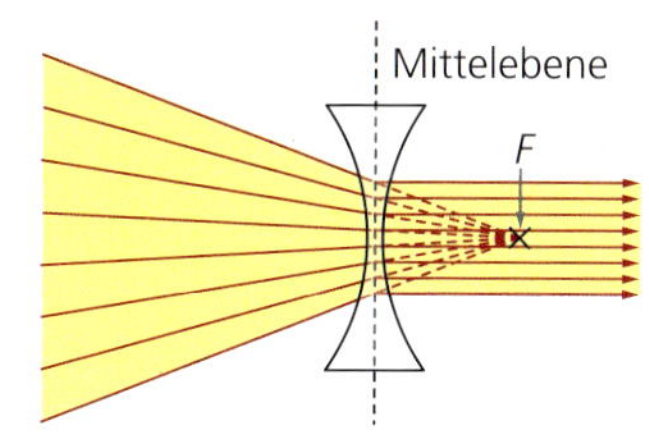

Der Lichtweg ist umkehrbar.

7 Licht und Lichtwege – Auge, Farben und Farbmischung

Das Auge

Das Auge kann vereinfacht als eine Kombination aus Lochblende, Linse und Schirm gesehen werden. Dabei gelten folgende Entsprechungen:

- Die Lochblende entspricht der **Iris** mit dem **Ziliarmuskel**, der die Blendenöffnung, die **Pupille**, vergrößert oder verkleinert.
- Die Linse entspricht der Kombination aus **Hornhaut**, **Augenflüssigkeit**, **Augenlinse** und **Glaskörper**.
- Der Schirm entspricht der **Netzhaut**, auf der das Bild auf dem Kopf stehend und seitenverkehrt entsteht. Der **Sehnerv** leitet die Information an das Gehirn weiter, wo das Bild wieder in die richtige Position gebracht wird.
- Je nach Entfernung des Gegenstandes ändert sich die Brennweite der Linse im Auge (**Akkommodation**), sodass auf der Netzhaut ein scharfes Bild entsteht.

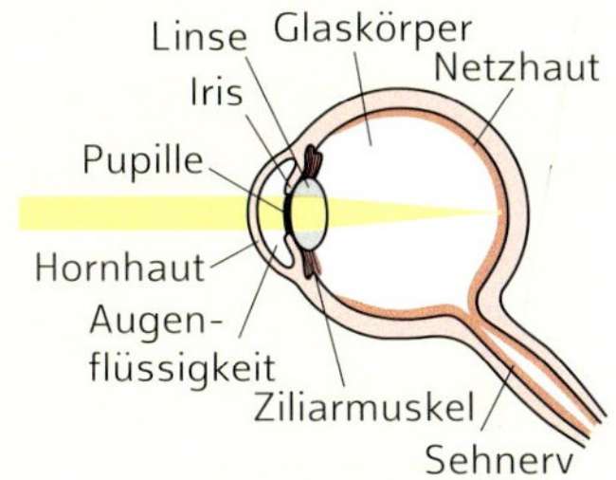

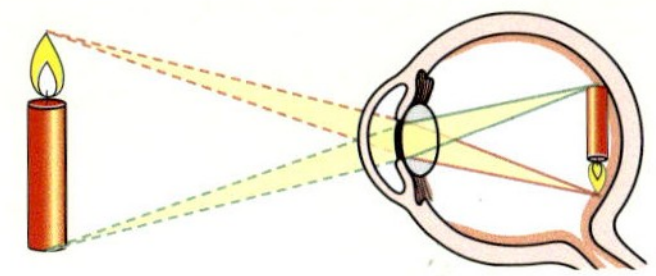

1. Bei Augenfehlern helfen Brillen.
Überlege, welche Linsen für die folgenden Fehlsichtigkeiten sinnvoll sind und ergänze die entsprechenden Strahlengänge.

a) Kurzsichtigkeit:

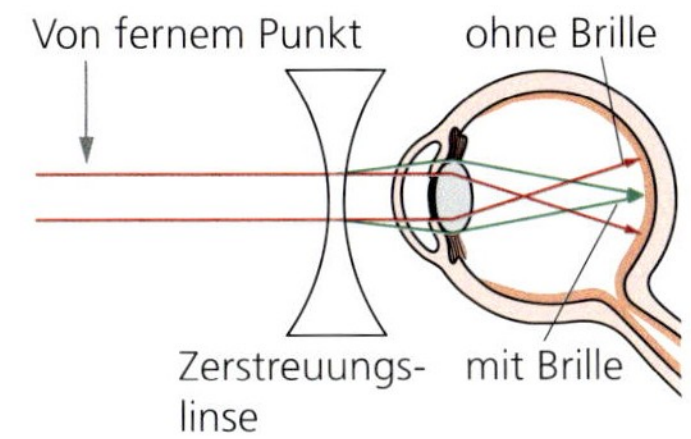

b) Weitsichtigkeit:

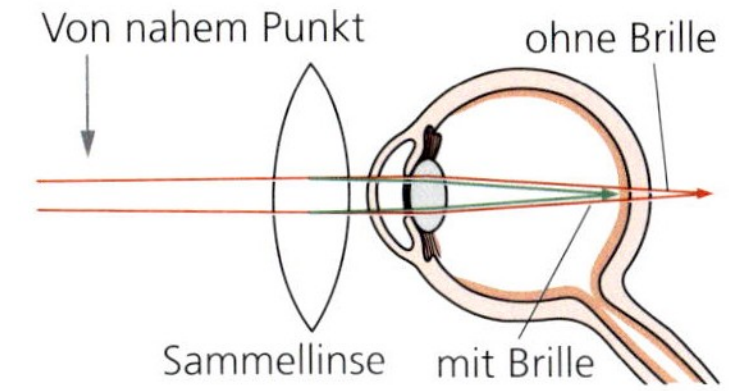

Farben

- Das **weiße Licht** lässt sich durch Brechung an einem Glasprisma in viele verschiedene Einzelfarben zerlegen, da jede Farbe einen eigenen Brechungswinkel besitzt. Die Farben gehen von Violett über Blau, Grün, Gelb und Orange zu Rot und bilden so ein **kontinuierliches,** für das menschliche Auge sichtbares **Spektrum**.
- Die einzelnen Farben heißen **Spektralfarben**.
- Nicht sichtbar für das menschliche Auge liegt neben der violetten Farbe der ultraviolette Bereich (UV, bräunt z. B. die Haut) und neben der roten Farbe der infrarote Bereich (IR, wird als Wärme empfunden).

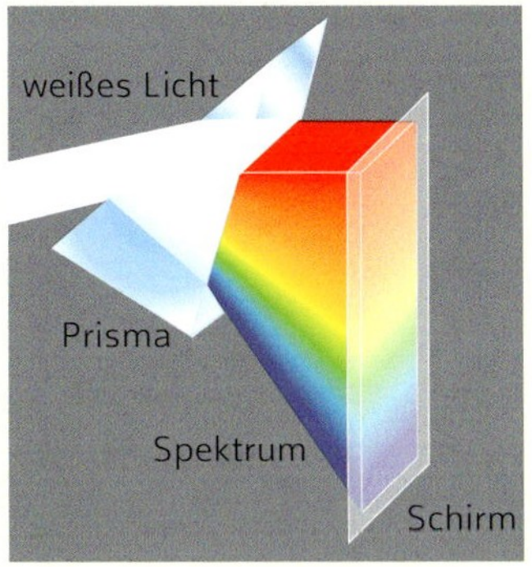

2. Nenne die beiden optischen Phänomene, die bei der Entstehung eines Regenbogens wichtig sind und erkläre mithilfe einer Skizze, wie die einzelnen Farben des Regenbogens zustande kommen.
Reflexion und Brechung

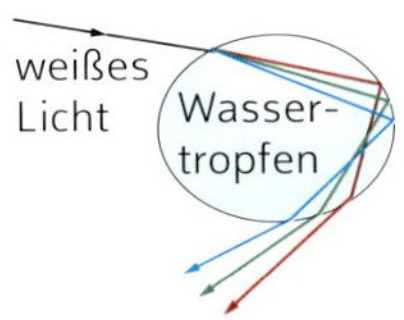

3. Erkläre, warum die rote Farbe im Regenbogen oben und Violett unten zu sehen ist.
Von den oberen Regentropfen kommt zuerst das rote Licht im Auge an.

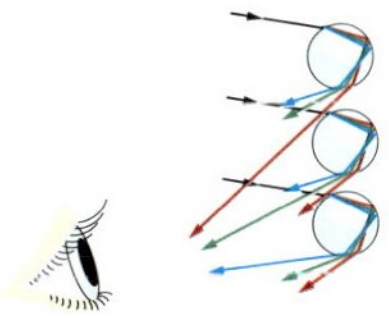

Additive Farbmischung

- Aus dem **Newton'schen Farbkreis** lässt sich durch Überlagerung weißes Licht erzeugen.
- Einander gegenüberliegende Farben heißen **Komplementärfarben**. Mischt man diese, so ergeben sie Weiß.
- Nicht komplementäre Farben gemischt ergeben die Farbe in der Mitte ihrer kürzesten Verbindung.

3. Baue aus einer Pappscheibe und einem Stift einen Farbkreisel. Besonders gut wird das Ergebnis bei angegebener Winkeleinteilung. Drehe den Kreisel nun schnell und erkläre deine Beobachtung.

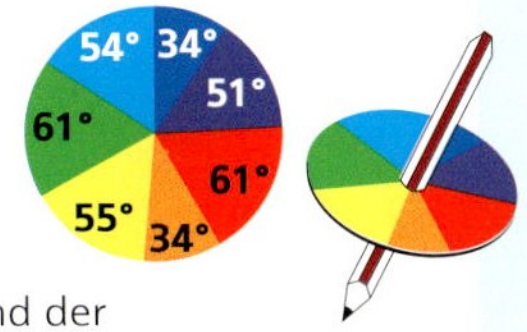

Das menschliche Auge kann die einzelnen Farben aufgrund der schnellen Rotation nicht mehr einzeln wahrnehmen. Die Überlagerung der Farben (additive Farbmischung) lässt die Scheibe hellgrau bis weiß erscheinen.

Subtraktive Farbmischung

- Hält man zwei unterschiedliche Farbfilter vor eine Quelle weißen Lichtes, so passiert nur derjenige Farbbereich, der von beiden Filtern durchgelassen wird. Aus einem gelben und einem roten Filter wird oranges Licht, aus einem gelben und einem blauen Filter wird grünes Licht.

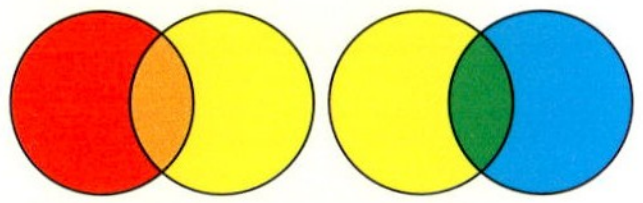

5. Für ein Theaterstück hat ein Kind eine weiße Hose und ein rotes T-Shirt an. In einer bestimmten Szene wird die Bühne mit grünem Licht ausgestrahlt. Erkläre, wie Hose und T-Shirt nun aussehen.
Im Sonnenlicht reflektiert die weiße Hose alle Farben, das rote T-Shirt nur das rote Licht. Ist nur grünes Licht vorhanden, reflektiert die Hose den grünen Anteil und wirkt damit grün. Das rote T-Shirt absorbiert aber das grüne Licht, es wirkt dunkelgrau bis schwarz.

8 Elektrizitätslehre – Bestandteile und Symbole von Stromkreisen

Bestandteile von Stromkreisen

Ein Stromkreis ist mit einem Wasserkreislauf vergleichbar. Der Stromkreis muss **geschlossen** sein, damit der Strom fließen kann. Innerhalb des Stromkreises befinden sich unterschiedliche **Bauteile**, die besondere Funktionen haben:

- Die **Quelle** (z. B. eine Batterie oder ein Netzteil) entspricht einer Pumpe und sorgt dafür, dass der elektrische Strom fließt.
- Die **Leitungen** (Drähte oder Kabel) sind die Rohre und leiten den elektrischen Strom weiter. Sie transportieren ihn.
- Die Geräte oder **Verbraucher** gleichen einer Turbine und nutzen den Strom z. B. zur Erzeugung von Bewegung, Licht oder Wärme.
- Der **Schalter**, vergleichbar einem Absperrventil, unterbricht den Stromfluss je nach Stellung. Schalter, die nicht einrasten, sondern nur während des „Gedrückt-Haltens“ den Stromkreis schließen, heißen **Taster**.

Symbole des Stromkreises

- Um Stromkreise einfacher zeichnen zu können, wurden folgende **Symbole** für die einzelnen Bauteile festgelegt:

Quelle allgemein		Schalter	
Batterie/Akkumulator	– +	Umschalter	
Leitung		Lampe, Verbraucher	
Kreuzung ohne Kontakt		Widerstand	
Kreuzung mit Kontakt		Widerstand veränderbar	
Erde/Masse		Strommessgerät	I
Sicherung		Spannungsmessgerät	U
Wechselstrom/-spannung	∼	Motor	M
Gleichstrom/-spannung	=	Generator	G
Diode		Transformator (mit Eisenkern)	

- Beim **Zeichnen von Schaltskizzen** sind folgende Regeln zu beachten:
  - Kabel werden als gerade Linien gezeichnet und verlaufen nur waagerecht oder senkrecht.
  - Richtungswechsel erfolgen nur rechtwinklig.
  - Schaltsymbole werden mittig auf die Linie oder gleichmäßig auf der Linie verteilt gezeichnet, niemals an den Ecken einer Schaltung.
  - Schalter werden offen gezeichnet.
  - Allgemein sind Schaltskizzen immer mit Lineal und sehr sauber zu zeichnen.

1. Nenne mindestens drei elektrische Quellen.
Steckdose, Dynamo, Solarzelle, Batterie, Netzteil …

2. Nenne mindestens fünf Verbraucher.
Fön, PC, Lampe, Stereoanlage, MP3-Player, Bügeleisen …

3. Nenne drei Einsatzgebiete für Schalter und mindestens eines für Taster.
Schalter: Lampen, Kaffeemaschinen, Rasierer, Fön …
Taster: Klingel, Morsegerät, Heckenschere …

4. Setze den Versuchsaufbau in eine Schaltskizze um.

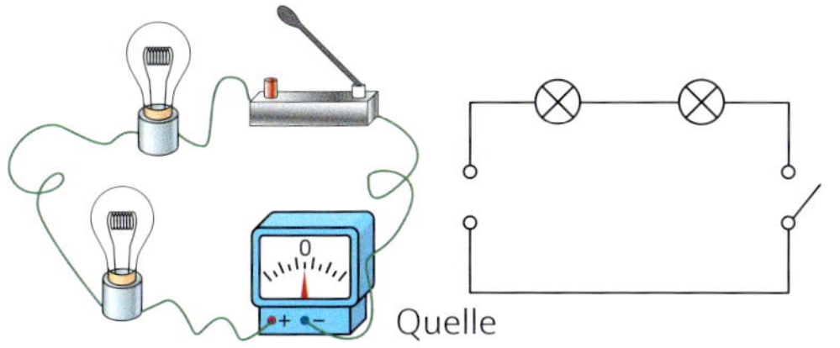

5. Zeichne einen Stromkreis mit einer Quelle, einem Schalter, drei Lampen und einer Sicherung.

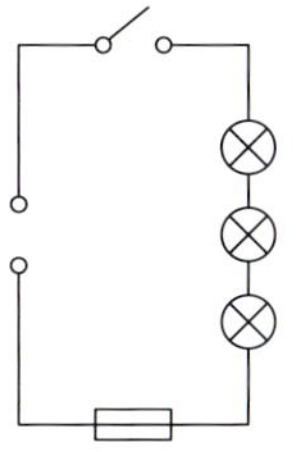

6. Korrigiere die folgende Schaltung und begründe deine Korrekturen.

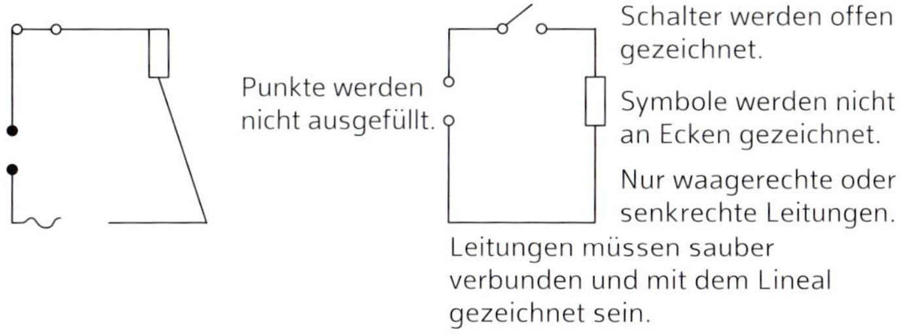

9 Physikalische Größen des Stromkreises – Ladung, Stromstärke, Spannung und Widerstand

Ladung
Symbol: Q, Einheit: 1 C (Coulomb)

- Es gibt **negative** und **positive** Ladungen.
- Gleichnamige Ladungen **stoßen sich ab**, ungleichnamige Ladungen **ziehen sich an**.
- Anziehung und Abstoßung erfolgen über eine gewisse Entfernung hinweg.
- Die Summe der Teilladungen ergibt die **Gesamtladung**; dabei muss das Vorzeichen der Ladung beachtet werden. Es gilt: $Q_{ges} = Q_1 + Q_2 + ... + Q_n$.
- Die kleinste Ladungsmenge ist die **Elementarladung** und beträgt $1{,}602 \cdot 10^{-19}$ C.

Nicht verwechseln: Bei Magneten gibt es den Nord- und Südpol, bei elektrischen Quellen den Plus- und Minuspol.

1. Was bedeuten die Zeichen „+" und „–" auf Batterien oder Netzgeräten?
Plus kennzeichnet den positiven oder Pluspol der elektrischen Quelle und Minus den negativen oder Minuspol.

2. Berechne, wie groß die Gesamtladung ist, wenn die Einzelladungen 4 C, 3 C, –9 C und 12,6 C betragen. $Q_{ges} = 4\,C + 3\,C - 9\,C + 12{,}6\,C = 10{,}6\,C$

3. Die Ladung des Elektrons ist die Elementarladung. Berechne, wie viele Elektronen für die Ladung von 1 C benötigt werden. $\frac{1\,C}{1{,}602 \cdot 10^{-19}\,C} = 6{,}242 \cdot 10^{18}$ Elektronen

Stromstärke
Symbol: I, Einheit: 1 A (Ampere)

- Es fließt ein elektrischer Strom, wenn sich Ladungen bewegen.
- Für **Gleichstrom** gilt: **Physikalische Stromflussrichtung**: Der Strom fließt von „–" nach „+".
  Technische Stromflussrichtung: Der Strom fließt von „+" nach „–".
- Bei **Wechselstrom** (gekennzeichnet mit dem Symbol „~") wechselt der Stromfluss regelmäßig seine Richtung.
  In deutschen Stromnetzen erfolgt dieser Wechsel 50-mal in der Sekunde.
- Zur Bestimmung der **Stärke des Stromflusses I** wird die Ladungsmenge Q pro Zeitintervall t bestimmt, die an der Messstelle vorbeifließt. Es gilt: $I = \frac{Q}{t}$

4. In einer Taschenlampe fließen 200 mA. Berechne, wie viele Elektronen pro Sekunde an der Messstelle vorbeifließen. $Q = 0{,}2\,A \cdot 1\,s = 0{,}2\,As$; $\frac{0{,}2\,As}{1{,}602 \cdot 10^{-19}\,C} = 1{,}25 \cdot 10^{18}$ Elektronen

5. Zeichne je einen Graphen für Wechselstrom und Gleichstrom, dessen maximale Stärke 1 A beträgt.

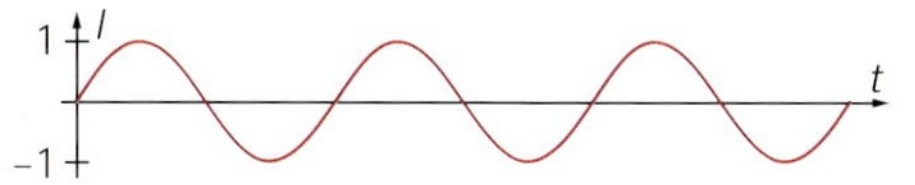

Wechselstrom, da die Stromflussrichtung sich ständig ändert.

Gleichstrom, da die Stromflussrichtung sich nicht ändert.

Spannung
Symbol: U, Einheit: 1 V (Volt)

- Eine Spannung liegt immer zwischen zwei Messpunkten an, deren unterschiedliche Ladungszustände verglichen werden. Die einzelnen Ladungszustände heißen **Potentiale** φ_1 und φ_2. Die **Differenz der Potentiale** ergibt die Größe der anliegenden Spannung. Es gilt: $U = \varphi_1 - \varphi_2$.
- Die Spannung kann verstanden werden als **Antrieb** der Ladungsträger, sich zu bewegen.
- Die Erde bildet das Grundpotential, das auch **Erdung** genannt wird. Das dortige Potential wurde auf 0 V festgelegt. Das Symbol für die Erdung ist: ⏚
- Die allgemeine **Netzspannung** in Haushalten beträgt $U = 230$ V~.
- Entsprechend der elektrischen Stromstärke gibt es auch Gleichspannung und Wechselspannung.

Die Tilde ~ bei 230 V~ kennzeichnet die Wechselspannung.

6. a) Bestimme die Spannung zwischen den zwei Potentialen $\varphi_1 = 17$ V und $\varphi_2 = 6$ V.
$U = 17\,V - 6\,V = 11\,V$
b) Gib zwei unterschiedliche Möglichkeiten für die Werte der Potentiale φ_1 und φ_2 an, damit zwischen ihnen eine Spannung von 30 V anliegt.
z. B.: $\varphi_1 = 45\,V$ und $\varphi_2 = 15\,V$; $\varphi_1 = 100\,V$ und $\varphi_2 = 70\,V$

7. Bestimme jeweils die Potentiale φ_1, φ_2 und φ_3 und die dazugehörigen Spannungen, wenn die Batterien 9 V besitzen und wie abgebildet geschaltet sind:

a)

$\varphi_1 = 0\,V$; $\varphi_2 = 9\,V$;
$U_{12} = 9\,V$

b)
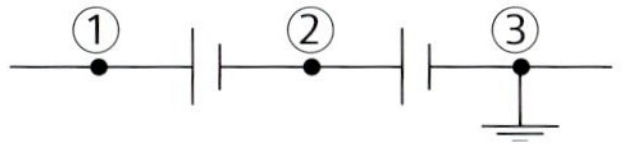

$\varphi_1 = 18\,V$; $\varphi_2 = 9\,V$; $\varphi_3 = 0\,V$;
$U_{13} = 18\,V$; $U_{23} = 9\,V$; $U_{12} = 9\,V$

Elektrischer Widerstand
Symbol: R, Einheit: 1 Ω (Ohm)

- Die Hemmung des elektrischen Stromes in Leitungen oder Geräten heißt **elektrischer Widerstand**. Allgemein gilt für jedes Bauteil oder Elektrogerät: $R = \frac{U}{I}$;
  als Graph dargestellt ergibt sich die **Kennlinie** des Bauteils oder Gerätes.
- Ist R = konst., die Kennlinie also eine Ursprungsgerade, so heißt der Widerstand **Ohm'scher Widerstand**. Das **Ohm'sche Gesetz** lautet: $U \sim I$ bzw. $\frac{U}{I}$ = **konst.**

8. Erkläre begründet, welche Bauteile mit den rechts abgebildeten Kennlinien das Ohm'sche Gesetz erfüllen.
Nur Kennlinie ① erfüllt das Ohm'sche Gesetz.
Kennlinien ②, ③ und ④ sind keine Ursprungsgeraden.

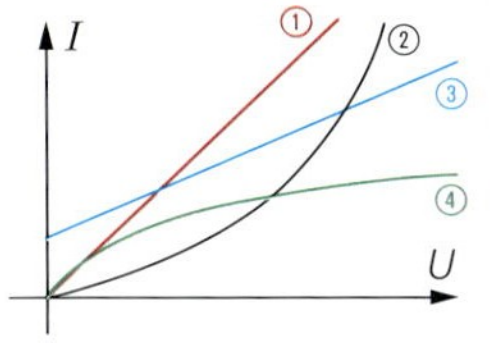

10 Physikalische Größen des Stromkreises – Widerstand, Arbeit und Leistung

Farbcodierung der elektrischen Widerstände

- Widerstände in Elektrogeräten, auf Platinen u. ä. sind durch **Farbcodes** gekennzeichnet.
- Die ersten zwei Ringe geben den Zahlenwert an, der Dritte die Zehnerpotenz und der Vierte, der entweder breiter ist oder einen größeren Abstand zu den vorherigen hat, die Qualität oder Toleranz des Widerstandes in Prozent.
- In besonderen Fällen kann der Widerstand auch bis zu 6 Ringe vorweisen, wobei die letzten zwei die Zehnerpotenz und die Toleranz anzeigen.

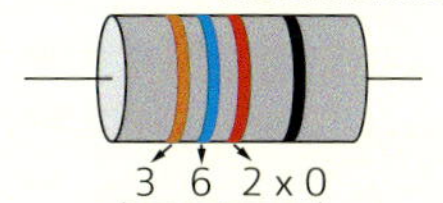

3600 Ω = 3,6 kΩ

Bedeutung der Farben:

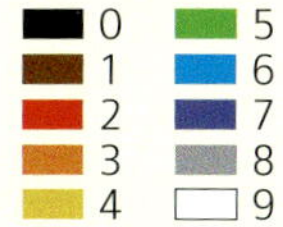

1. Bestimme den Wert des abgebildeten Widerstandes.

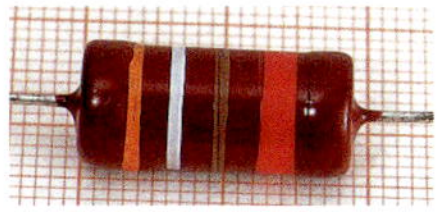

orange = 3, weiß = 9, braun = 1, d. h. eine Null, rot = ± 2 %

$R = 39 \cdot 10\,\Omega \pm 19{,}5\,\Omega$

$370{,}5\,\Omega \leq R \leq 409{,}5\,\Omega$

2. Zeichne die Farbcodierung eines 63 kΩ-Widerstandes.

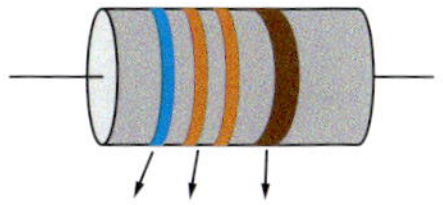

3. Erläutere, warum eine Farbcodierung für Widerstände notwendig ist.

Die Bauteile könnten zu klein sein, um den Zahlenwert auf dem Widerstand abzulesen oder das Bauteil könnte beim Einlöten verrutschen, sodass der Zahlenwert nicht lesbar ist.

Spezifischer Widerstand Symbol: ρ, Einheit: $\frac{1\,\Omega \cdot mm^2}{m}$

- Ein Draht- oder Leiterstück der Länge l und der Querschnittsfläche A besitzt den Widerstand $\boldsymbol{R = \rho \cdot \frac{l}{A}}$. ρ ist dabei eine materialspezifische Konstante und wird **spezifischer Widerstand** genannt.

4. Bestimme den Widerstand eines 1,5 m langen Leiterstücks aus Gold $\left(\rho = \frac{0{,}022\,\Omega \cdot mm^2}{m}\right)$, das den Querschnitt 3 mm² besitzt.

$R = \frac{0{,}022\,\Omega \cdot mm^2}{m} \cdot \frac{1{,}5\,m}{3\,mm^2} = 0{,}011\,\Omega$ (Gold leitet elektrischen Strom gut.)

Erinnerung:
Kreisfläche: $A_K = \pi \cdot r^2$
Rechtecksfläche: $A_R = a \cdot b$

Elektrische Energie/Arbeit Symbol: E oder W, Einheit 1 J (Joule)

- Fließt ein Strom von einem Punkt mit dem Potential φ_1 zu einem zweiten mit dem Potential φ_2, so baut sich die Spannung zwischen den zwei Punkten ab. Dieser Spannungsabfall ist der Verlust des Antriebes der Ladungen Q und damit der Verlust von potentieller Energie E pro Ladung.
- Es gilt: $\boldsymbol{E = Q(\varphi_2 - \varphi_1)}$ oder $\boldsymbol{E = Q \cdot U}$ bzw. $W = Q(\varphi_2 - \varphi_1)$ oder $W = Q \cdot U$
- Das Produkt aus Spannung, Stromstärke und Zeit ergibt ebenfalls die elektrische Arbeit. Es gilt: $\boldsymbol{W = U \cdot I \cdot t}$
- Eine weitere Einheit der elektrischen Arbeit ist die Watt-Sekunde (1 Ws). Es gilt: 1 Ws = 1 J.

5. Eine Batterie wird an ein Glühlämpchen mit den Angaben 6 V/0,4 A für 3,5 Stunden angeschlossen. Berechne die Energiemenge, die die Batterie dabei liefert. $W = 6\,V \cdot 0{,}4\,A \cdot 3{,}5\,h = 8{,}4\,Wh$

6. Bei Gewittern findet oft ein Ladungsaustausch zwischen Wolken und Erde statt, der als Blitz zu sehen ist. Berechne die Spannung, die zwischen Wolke und Erde angelegen hat, wenn der Blitz eine Energie von $2{,}5 \cdot 10^9\,J$ übertragen hat und die Wolke mit 51 C geladen war.

$U = \frac{W}{Q} = \frac{2{,}5 \cdot 10^9\,J}{51\,C} = 49 \cdot 10^6\,V$ (ca. 49 MV).

7. a) Elektrizitätswerke geben die elektrische Energie meist in kWh (Kilowattstunden) an. Wandle in Joule um.

$1\,kWh = 1000\,Wh = 1000 \cdot 3600\,Ws = 3{,}6 \cdot 10^6\,J$

b) Wandle die Energiemenge aus Aufgabe 5 in die Einheit Joule um.

$8{,}4\,Wh = 8{,}4 \cdot 3600\,J = 30\,240\,J$.

Elektrische Leistung/Energiestromstärke Symbol: P, Einheit 1 W (Watt)

- Die **Leistung** beschreibt die in einem Zeitintervall übertragene Energiemenge ΔE bzw. verrichtete Arbeit. Allgemein gilt: $\boldsymbol{P = \frac{\Delta E}{t}}$ bzw. $\boldsymbol{P = \frac{W}{t}}$
- Das Produkt aus Spannung und Stromstärke ergibt ebenfalls die elektrische Leistung. Es gilt: $\boldsymbol{P = U \cdot I}$
- Wird für ein elektrisches Bauteil die Stromstärke über der Spannung in einem Diagramm aufgetragen, so zeigt dieses die Leistungskennlinie des Bauteils. Daran kann z. B. die optimale Nutzspannung für das Bauteil bestimmt werden.

8. Stelle mithilfe von $U = R \cdot I$ die Formel für die elektrische Leistung $P = U \cdot I$ so um, dass sie

a) nur die Größen elektrische Stromstärke und elektrischer Widerstand beinhaltet. $P = (R \cdot I) \cdot I = R \cdot I^2$

b) nur die Größen Spannung und Widerstand beinhaltet. $P = U \cdot \frac{U}{R} = \frac{U^2}{R}$

9. Berechne die Leistung der Glühlampe aus Aufgabe 5.

$P = 6\,V \cdot 0{,}4\,A = 2{,}4\,W$

10. Die Hauptentladung in einem Blitz erfolgt in ca. 0,3 ms. Berechne die Leistung, die der Blitz in Aufgabe 6 erbringt. $P = \frac{2{,}5 \cdot 10^9\,J}{0{,}3 \cdot 10^{-3}\,s} = 8{,}3 \cdot 10^{12}\,W = 8{,}3\,TW$

11 Elektrische Schaltungen – Messen und 1. Kirchhoff'sches Gesetz

Messung der elektrischen Stromstärke

- Strommessgeräte oder Amperemeter müssen **in Reihe** (→ Seite 12) zu dem entsprechenden Bauteil, durch das der Strom gemessen werden soll, geschaltet werden, damit der gesamte Stromfluss erfasst wird.
- Strommessgeräte besitzen im Idealfall einen **Innenwiderstand** von **0 Ω**, damit der Stromfluss durch sie nicht noch zusätzlich gehemmt wird.
- Vor der Messung müssen ein ausreichend großer **Messbereich** und die richtige **Stromart** (Wechsel- oder Gleichstrom) am Messgerät eingestellt werden. Bei Gleichstrom muss auf die richtige Polung geachtet werden.
- Es gibt unterschiedliche **Symbole** für Strommessgeräte:

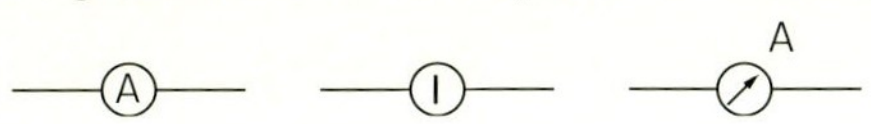

1. Die folgenden Strommessungen sind falsch.
Korrigiere sie und begründe deine Korrekturen.

a)

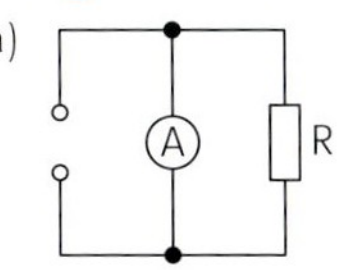

Das Strommessgerät muss in Reihe geschaltet werden. So schließt es die Quelle kurz.

b)

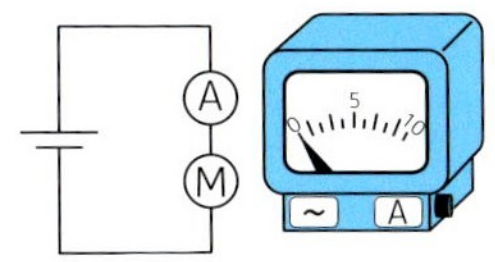

Das Messgerät muss auf Gleichstrom gestellt werden, da es sich um eine Gleichspannungsquelle handelt, die auch nur Gleichstrom liefern kann.

2. Gib alle möglichen Positionen an, an denen ein Strommessgerät, das den Strom durch den Widerstand R messen soll, eingebaut werden kann.

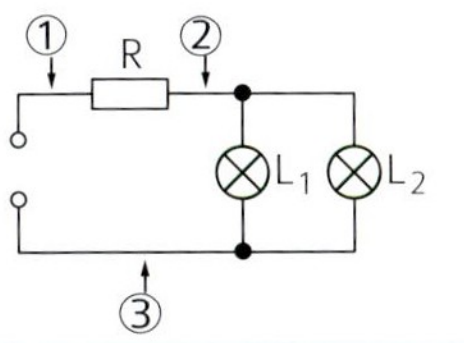

An den Positionen 1, 2 und 3 ist der Einbau möglich.

Messung der elektrischen Spannung

- Spannungsmessgeräte müssen **parallel** (→ Seite 12) zu dem Bauteil, an dem die Spannung gemessen werden soll, geschaltet werden, da sie die Potentiale zweier Messpunkte miteinander vergleichen.
- Spannungsmessgeräte besitzen im Idealfall einen unendlich großen **Innenwiderstand**, da kein Strom durch sie fließen soll.
- Vor der Messung müssen ein ausreichend großer **Messbereich** und die richtige **Spannungsart** (Wechsel- oder Gleichspannung) am Messgerät eingestellt werden. Bei Gleichspannung muss auf die richtige Polung geachtet werden.
- Es gibt unterschiedliche **Symbole** für Spannungsmessgeräte:

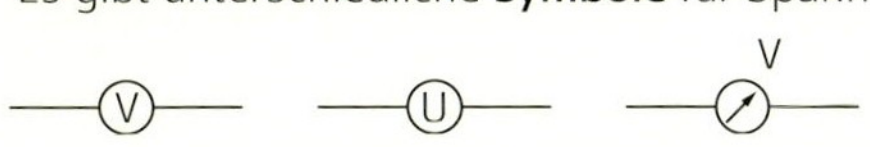

3. Erkläre, um welche Art von Messgerät es sich jeweils handeln muss.

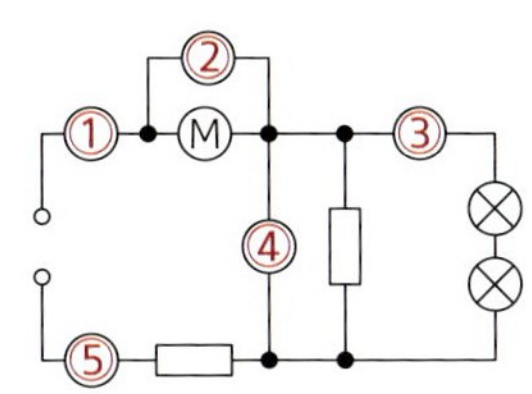

①, ③ und ⑤ sind Strommessgeräte, da sie in Reihe geschaltet sind.
② und ④ sind Spannungsmessgeräte, da sie parallel geschaltet sind.

4. Was passiert, wenn der Innenwiderstand des Spannungsmessgerätes klein ist?
Es fließt ein Strom durch das Spannungsmessgerät, der den Potentialunterschied verringert, sodass die Spannung kleiner wird. Das Messergebnis wird verfälscht.

Knotenregel (1. Kirchhoff'sches Gesetz)

- Die Stromstärke **vor** einem Bauteil ist gleich der Stromstärke **hinter** dem Bauteil.
- Die Stromstärke vor einer Verzweigung des Stromkreises ist genauso groß wie die Stromstärke hinter der dazugehörigen Zusammenführung.
- Allgemein gilt: An einem Knoten ist die Summe der einzelnen Stromstärken I_1, I_2, I_3, ... genauso groß, wie die Stromstärke I_{ges} des unverzweigten Stromkreises.
  Es gilt: $\mathbf{I_{ges} = I_1 + I_2 + I_3 + \ldots}$

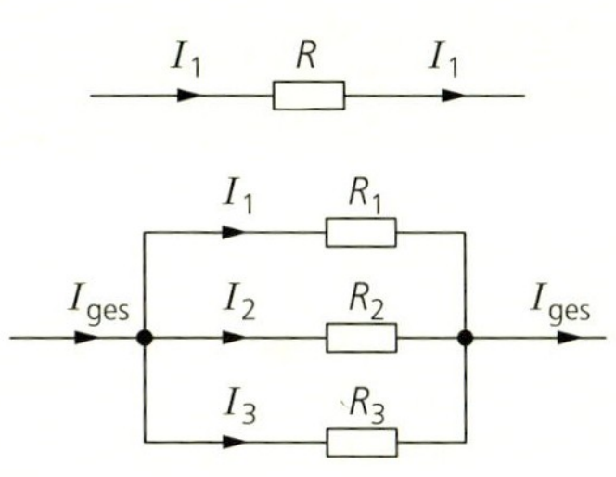

5. Bestimme die fehlenden Stromstärken.
Gegeben: $I_{ges} = 5\,A$; $I_2 = 0{,}2\,A$; $I_3 = 1{,}3\,A$;
$I_4 = 2{,}3\,A$; $R_6 = R_7$

$I_1 = I_{ges} - I_2 - I_3 = 5\,A - 0{,}2\,A - 1{,}3\,A = 3{,}5\,A$
$I_5 = I_{ges} - I_4 = 5\,A - 2{,}3\,A = 2{,}7\,A$
$I_6 = I_7 = \frac{I_{ges}}{2}$
$I_6 = 2{,}5\,A$
$I_7 = 2{,}5\,A$
$I_8 = I_{ges} = 5\,A$

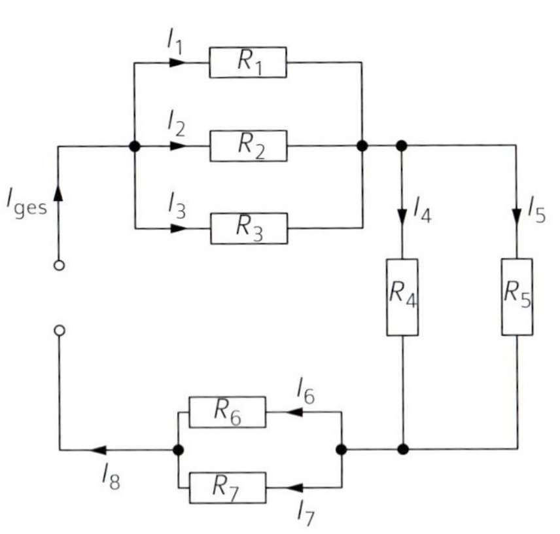

12 Elektrische Schaltungen – 2. Kirchhoff'sches Gesetz, Reihen-, Parallel-, und Wechselschaltung

Maschenregel (2. Kirchhoff'sches Gesetz)

- Die Summe der Teilspannungen in einem unverzweigten Stromkreis (Reihenschaltung) ist gleich der Spannung der Quelle (Gesamtspannung).
  Es gilt: $\mathbf{U_{ges} = U_1 + U_2 + U_3 + ...}$

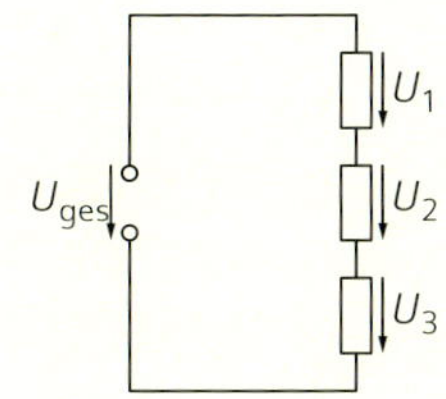

1. a) Bestimme die Spannung der Quelle U_{ges}, wenn $U_1 = 6\,V$, $U_2 = 3\,V$ und $U_3 = 1{,}5\,V$ betragen.
   $U_{ges} = 6\,V + 3\,V + 1{,}5\,V = 10{,}5\,V$
   b) Bestimme U_2, wenn $U_{ges} = 12\,V$, $U_1 = 4\,V$ und $U_2 = U_3$ ist.
   $12\,V - 4\,V = 8\,V = U_2 + U_3$ $\quad \frac{8\,V}{2} = 4\,V = U_2 = U_3$

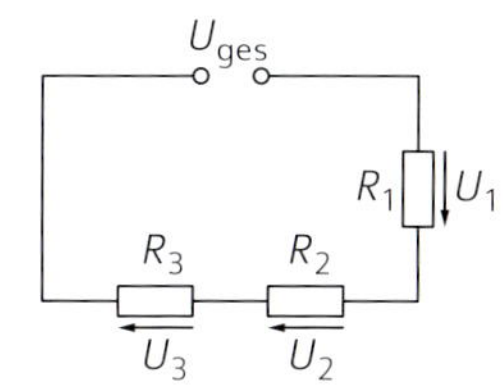

Reihenschaltung

- Alle elektrischen Bauteile sind hintereinander geschaltet (unverzweigter Stromkreis).
  Es gilt:
  Spannung: $U_{ges} = U_1 + U_2 + U_3 + ...$
  Stromstärke: $I_{ges} = I_1 = I_2 = I_3 = ...$
  Widerstand: $R_{ges} = R_1 + R_2 + R_3 + ...$
  Spannungsteilerregel: $\frac{U_1}{U_2} = \frac{R_1}{R_2}$ ...

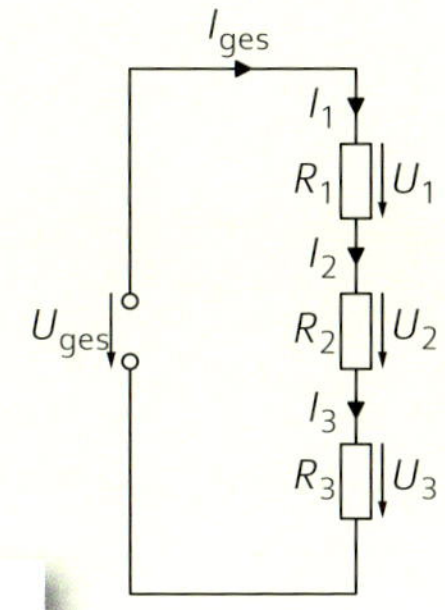

Natürlich gilt bei diesen Schaltungen auch das Gesetz: $R = \frac{U}{I}$

2. Berechne die fehlenden Größen des Stromkreises, wenn $U_1 = 30\,V$, $I_2 = 2\,A$ und $R_3 = 10\,\Omega$ betragen.
   $I_2 = I_1 = I_3 = I_{ges} = 2\,A$
   $R_1 = \frac{U_1}{I_1} = \frac{30\,V}{2\,A} = 15\,\Omega$
   $U_3 = R_3 \cdot I_3 = 10\,\Omega \cdot 2\,A = 20\,V$
   $U_2 = U_{ges} - U_1 - U_3 = 90\,V - 30\,V - 20\,V = 40\,V$
   $R_2 = \frac{U_2}{I_2} = \frac{40\,V}{2\,A} = 20\,\Omega$
   $R_{ges} = R_1 + R_2 + R_3 = 15\,\Omega + 20\,\Omega + 10\,\Omega = 45\,\Omega$

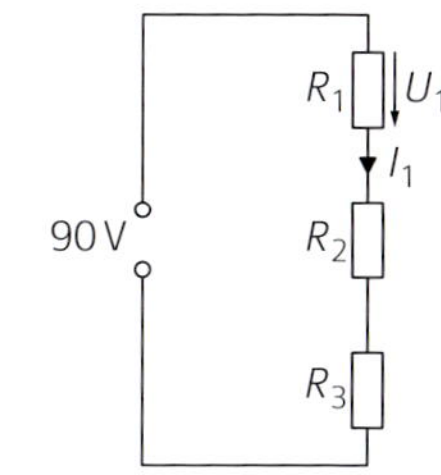

Parallelschaltung

- Alle elektrischen Bauteile sind parallel zueinander geschaltet (verzweigter Stromkreis).
  Es gilt:
  Spannung: $U_{ges} = U_1 = U_2 = U_3 = ...$
  Stromstärke: $I_{ges} = I_1 + I_2 + I_3 + ...$
  Widerstand: $\frac{1}{R_{ges}} = \frac{1}{R_1} + \frac{1}{R_2} + \frac{1}{R_3} + ...$
  Stromteilerregel: $\frac{I_1}{I_2} = \frac{R_2}{R_1}$ ...

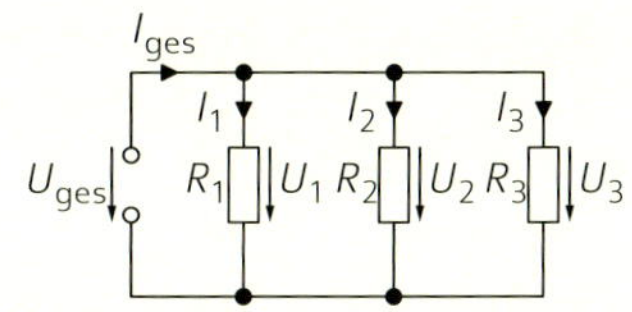

3. Berechne die fehlenden Größen, wenn $I_{ges} = 3\,A$, $I_1 = 1\,A$, $U_2 = 30\,V$ und $R_2 = 60\,\Omega$ betragen.
   $U_{ges} = U_1 = U_2 = U_3 = 30\,V$
   $I_2 = \frac{U_2}{R_2} = \frac{30\,V}{60\,\Omega} = 0{,}5\,A$
   $I_3 = I_{ges} - I_1 - I_2 = 3\,A - 1\,A - 0{,}5\,A = 1{,}5\,A$
   $R_3 = \frac{U_3}{I_3} = \frac{30\,V}{1{,}5\,A} = 20\,\Omega$
   $R_1 = \frac{U_1}{I_1} = \frac{30\,V}{1\,A} = 30\,\Omega$
   $\frac{1}{R_{ges}} = \frac{1}{R_1} + \frac{1}{R_2} + \frac{1}{R_3} = \frac{1}{30\,\Omega} + \frac{1}{60\,\Omega} + \frac{1}{20\,\Omega} = \frac{1}{10\,\Omega}$
   $R_{ges} = 10\,\Omega$

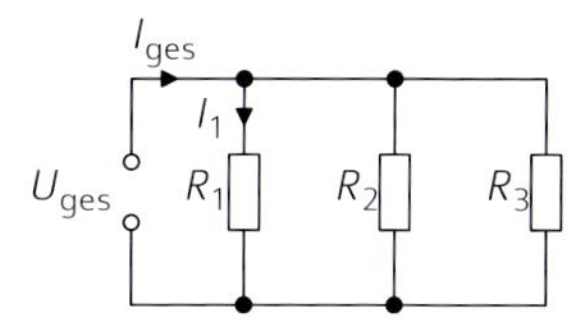

Wechselschaltung

- Der Stromkreis kann von verschiedenen Schaltern aus geschlossen oder geöffnet werden.
  Diese besonderen Schalter besitzen zwei Kontakte und heißen **Umschalter** oder **Wechselschalter**.

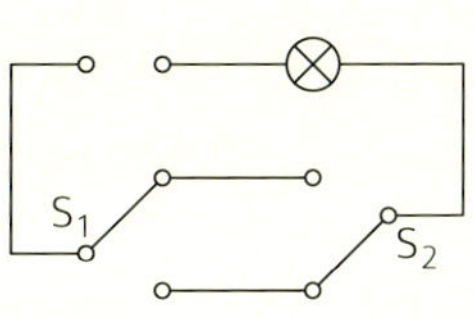

4. Nenne einen Anwendungsbereich für eine Wechselschaltung und erkläre den Vorteil dieser Schaltungsart.
   Beleuchtung in großen Räumen mit zwei Türen, Hausflur über zwei Etagen ...
   Das Licht kann von beiden Türen bzw. von oben und von unten im Flur ein- und ausgeschaltet werden.
5. Bei welchen Schalterstellungen in nebenstehender Schaltskizze leuchtet die Lampe auf?
   Beide Schalter stehen oben oder beide Schalter stehen unten.

13 Wirkungen des elektrischen Stromes, Lorentzkraft und Induktion

Stromwirkungen

Der elektrische Strom besitzt unterschiedliche Wirkungen:

- Die **chemische Wirkung**, d. h., dass durch den elektrischen Strom (Gleichstrom) ein Stoff zerlegt wird (Elektrolyse).
- Die **Wärmewirkung**, da die Atome bei einem höheren Stromfluss größere Schwingungsbewegungen ausführen und sich somit die Temperatur im Material erhöht.
- Die **Erzeugung von Licht**, wenn die Bewegung im Material so stark wird, dass es anfängt zu glühen.
- Die **magnetische Wirkung**, da jeder stromdurchflossene Leiter von einem Magnetfeld umgeben ist, mit dem z. B. eine Kompassnadel abgelenkt werden kann. Zeigt der Daumen der rechten Hand in die technische Stromflussrichtung im Leiter, dann geben die umgeknickten Finger die Richtung des Magnetfeldes an.
  Bei der physikalischen Stromrichtung wird die linke Hand genommen.
  Mit einer stromdurchflossenen Spule und einem Eisenkern kann sehr einfach ein Elektromagnet gebaut werden.

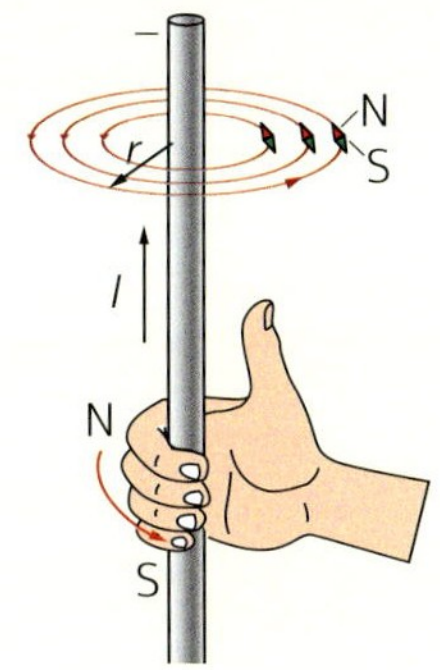

1. In einem mit Wasser gefüllten Becherglas wird Kupferchlorid ($CuCl_2$) gelöst, sodass sich jeweils 1 Cu^{++}- und 2 Cl^--Ionen bilden. In diesem Becherglas befinden sich zwei Kohlestifte als Elektroden, die mit einer Gleichspannungsquelle verbunden sind.
   a) Beschreibe die Vorgänge im Becherglas.
   Die Cu^{++}-Ionen (Kationen) wandern zur Kathode (negativ geladener Kohlestab) und die Cl^--Ionen (Anionen) wandern zur Anode (positiv).
   b) Beschreibe, was sich an der Kathode beobachten lässt, wenn der Vorgang über längere Zeit am Laufen gehalten wird.
   Sie wird kupferfarben, da sich das Cu^{++} dort anlagert.
2. Nenne mindestens fünf Anwendungen für die Wärmewirkung des elektrischen Stromes.
   Toaster, Fön, Heizkissen, Wasserkocher, Ceran-Kochfelder, Bügeleisen …
3. Nenne drei Möglichkeiten, bei denen Licht durch elektrischen Strom erzeugt wird.
   Glühlampe, Leuchtdioden, Leuchtstofffröhren, Halogenlampen …
4. Zeichne das Magnetfeld einer stromdurchflossenen Spule.

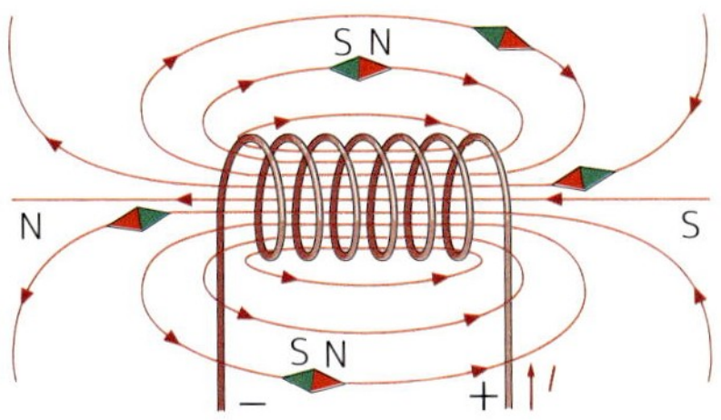

Lorentzkraft

- In einem Magnetfeld werden bewegte Elektronen durch die **Lorentzkraft** abgelenkt. Die Richtung der Kraft lässt sich mit der **Linken-Hand-Regel** bestimmen, wenn Magnetfeldrichtung und Bewegungsrichtung senkrecht aufeinander stehen.
  - **Daumen:** Bewegungsrichtung der Elektronen
  - **Zeigefinger:** magnetische Feldlinienrichtung (von Nord nach Süd)
  - **Mittelfinger:** Richtung der Lorentzkraft
  - Alle drei Finger stehen senkrecht aufeinander.

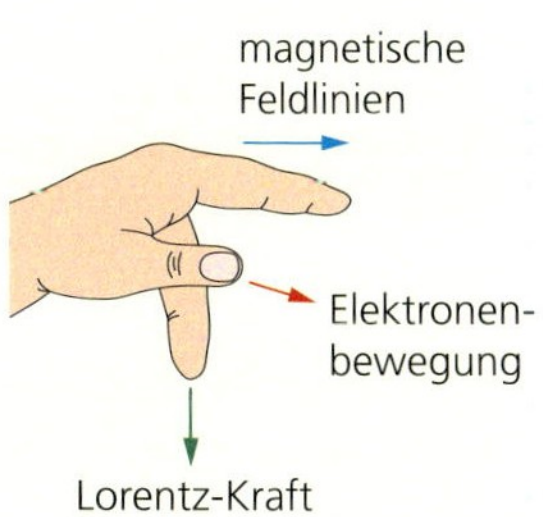

5. Eine Leiterschaukel hängt zwischen den Schenkeln eines Bügelmagneten.
   Gib bei den Bildern ① und ② die Richtung der Lorentzkraft an. Färbe den Magneten ③ so ein, dass die Leiterschaukel in den Magneten hinein schwingt.

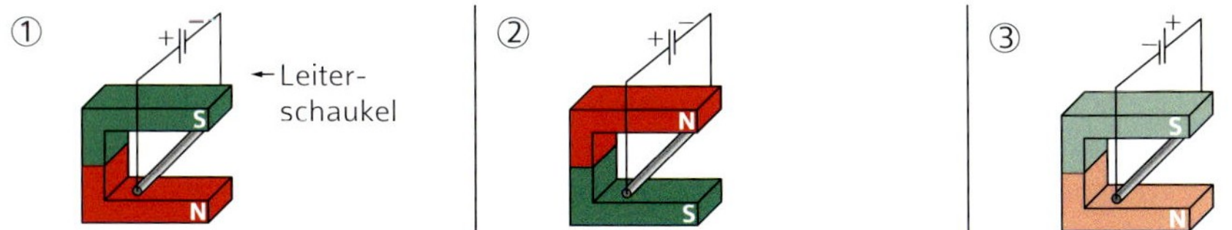

① Die Leiterschaukel schwingt aus dem Magneten heraus.

② Die Leiterschaukel schwingt in den Magneten hinein.

③ Oben ist Süden.

Induktion

- Wird ein Leiter in einem Magnetfeld quer oder schräg zu den Magnetfeldlinien bewegt, so entsteht durch die Lorentzkraft zwischen seinen Enden eine elektrische Spannung: die **Induktionsspannung**.
- Wird eine Spule in einem Magnetfeld gedreht, entsteht an ihren Enden eine Wechselspannung. Alternativ kann auch ein Magnet in einer Spule gedreht werden, wie z. B. bei einem Generator.

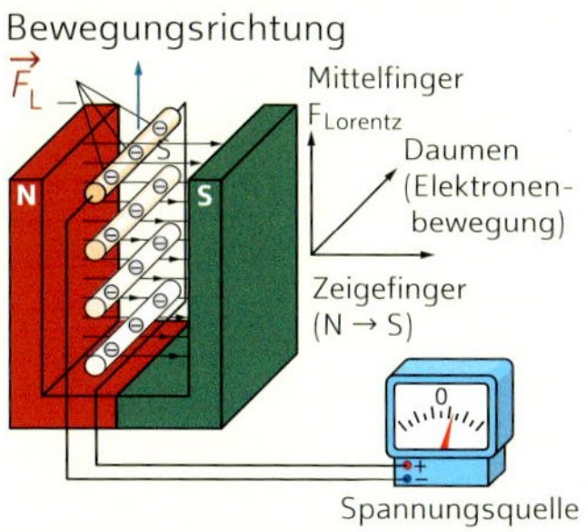

6. Nenne und erkläre ein Beispiel aus deinem Alltag, bei dem das Phänomen der Induktion genutzt wird.
   Durch die Reibung am Reifen des Fahrrads dreht sich ein Dauermagnet in einer Spule und induziert eine Wechelspannung (Dynamo).

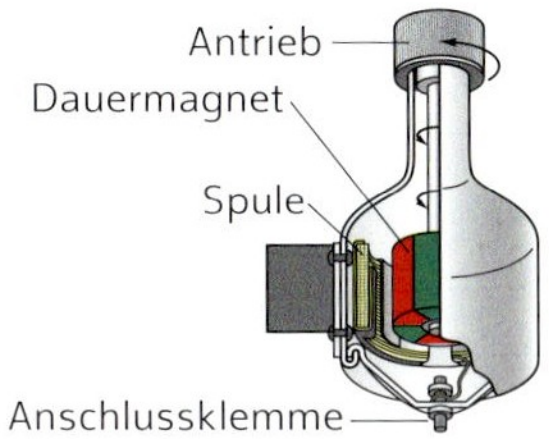

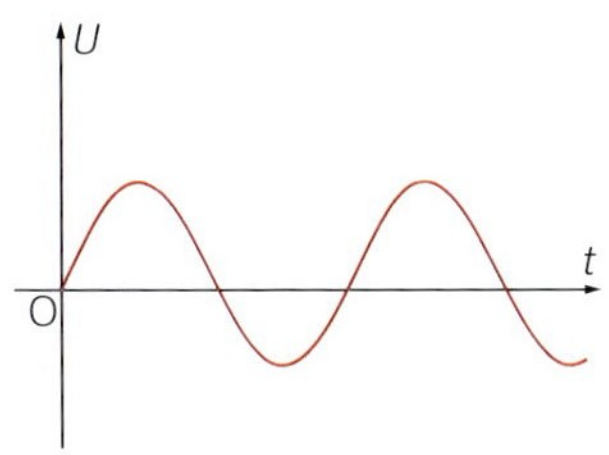

14 Elektromagnetismus – Generator, Motor und Transformator

Generator

- **Generatoren** werden u. a. in Elektrizitätswerken zur **Spannungserzeugung** eingesetzt.
- Sie bestehen entweder aus einer drehbaren Spule in einem statischen Magnetfeld oder einem drehbaren Magneten in einer feststehenden Spule. Die Drehung kann z. B. durch Wind-, Wasser- oder Dampfturbinen erzeugt werden.
  Mechanische Energie wandelt sich in elektrische Energie.
  Ursache der entstehenden Wechselspannung ist die Induktion.
- In Deutschland werden die Haushalte mit einer Spannung von 230 Volt und einer Frequenz von 50 Hertz versorgt.

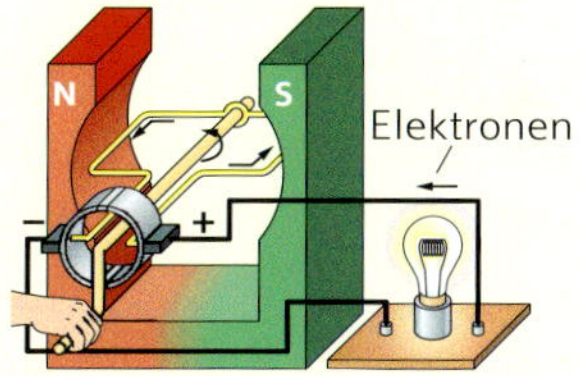

1. Nacheinander wird ein Stabmagnet in Spulen mit 300, 600 und 1200 Windungen eingetaucht und hin und her bewegt.
   Erkläre, was das an die Spule angeschlossene Messgerät anzeigt.
   Es zeigt eine Wechselspannung an, die mit der Höhe der Windungsanzahl steigt.

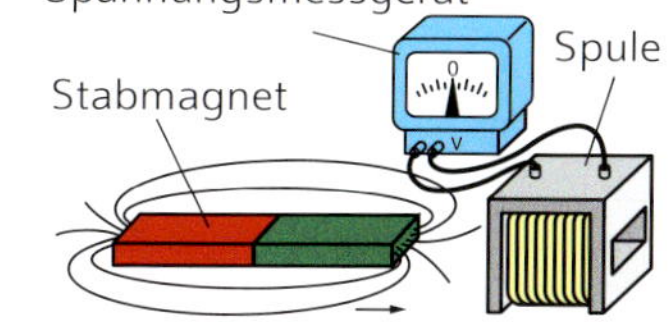

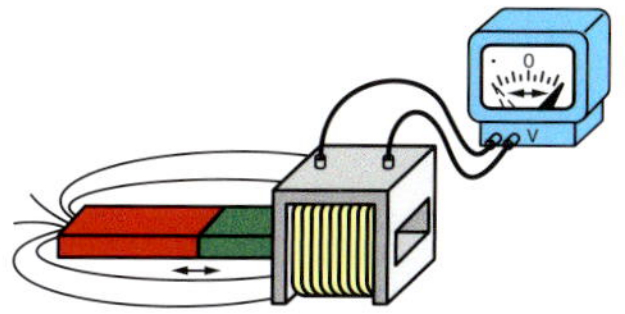

2. Erkläre, wie Dynamotaschenlampen funktionieren.
   Durch das Zusammendrücken und wieder Öffnen der Hand wird ein kleiner Generator im Inneren der Taschenlampe betrieben und somit der Strom für die Lampe erzeugt. Durch eine Feder wird der Hebel wieder in seine Ausgangsstellung gebracht. Andere Taschenlampen besitzen eine Kurbel. Das Prinzip ist aber das gleiche.

Motor

- In einem **Motor** wandelt sich elektrische Energie in mechanische Energie.
  Der Aufbau entspricht dem eines Generators, nur dass der Motor mit einer elektrischen Quelle betrieben wird und die Drehung, also die mechanische Energie, genutzt wird.

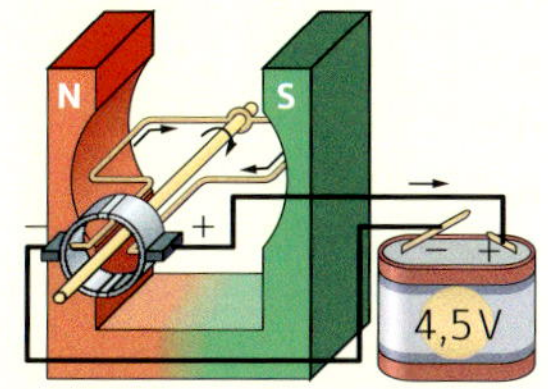

3. Überlege, was passiert, wenn an die Anschlüsse eines Fahrraddynamos eine Wechselspannung angelegt wird.
   Das Prinzip des Generators wird dann in das Motorprinzip umgekehrt, der Dynamo fängt an, sich zu drehen.
4. Welche der Aussagen ist korrekt: „Damit der Motor schneller dreht, muss
   a) die Versorgungsspannung erhöht werden.“ b) die Frequenz der Spannung erhöht werden.“
   c) das Magnetfeld verstärkt werden.“
   Antwort b), da damit die Magnetfeldänderung am größten ist. Bei a) und c) wird nur die Kraft der Drehung größer.

Transformator

- Nicht alle Geräte benötigen die gleiche Versorgungsspannung. Ein Handy z. B. benötigt wesentlich weniger Spannung als eine Waschmaschine.
  Das Bauteil, das die Größe der Wechselspannung verändert, heißt **Transformator** (kurz: Trafo).
- In der ersten Spule (Primärspule) fließt ein Wechselstrom, der ein Magnetfeld erzeugt. Dieses wird über den Eisenkern in die zweite Spule (Sekundärspule) übertragen. Dort wird dann eine Wechselspannung der gleichen Frequenz induziert. Die Höhe der Spannung hängt von der angelegten Spannung und den Windungszahlen der beiden Spulen ab.

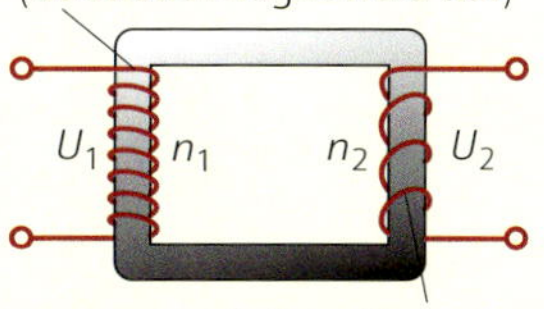

Es gilt: $\frac{U_1}{U_2} = \frac{n_1}{n_2}$ beim **unbelasteten Transformator** (sekundärseitig fließt kein Strom).

Für den **belasteten Transformator** gilt: $\frac{I_1}{I_2} = \frac{n_2}{n_1}$ (sekundärseitig ist ein Verbraucher wie z. B. eine Lampe, ein Motor o. ä. angeschlossen).

5. Finde heraus, wo im Alltag Transformatoren eingesetzt werden.
   Bei Aufladegeräten für das Handy, den MP3-Player, den Laptop, in Umspannwerken, bei Lichterketten …
6. Eine Spule wird mit Wechselstrom versorgt und eine zweite dicht daneben gestellt.
   Stelle Vermutungen an, ob in der zweiten Spule auch ohne Eisenkern eine Spannung induziert wird.
   Auch ohne Eisenkern kann das Magnetfeld der ersten Spule ausreichen, um in der zweiten eine Spannung zu induzieren. Mit dem Eisenkern ist die Übertragung des Magnetfeldes aber wesentlich besser, sodass die induzierte Spannung höher ist.
7. Ein Klingeltransformator soll mit der Netzspannung betrieben werden und sekundärseitig mit 5 Windungen 10 V zur Verfügung stellen.
   a) Berechne die Windungen der Primärspule im unbelasteten Fall.
   $\frac{n_1}{n_2} = \frac{U_1}{U_2}$ $n_1 = U_1 \cdot \frac{n_2}{U_2}$ $n_1 = 230\,\text{V} \cdot \frac{5}{10\,\text{V}}$ $n_1 = 115$ Windungen
   b) Berechne die Stromstärke im Primär- und Sekundärkreis, wenn die Klingel 5 Ω besitzt.
   $I_2 = \frac{U_2}{R}$ $I_2 = \frac{10\,\text{V}}{5\,\Omega}$ $I_2 = 2\,\text{A}$ $\frac{I_1}{I_2} = \frac{n_2}{n_1}$ $I_1 = I_2 \cdot \frac{n_2}{n_1}$ $I_1 = 2\,\text{A} \cdot \frac{5}{115}$ $I_1 = 0{,}09\,\text{A} = 90\,\text{mA}$

15 Energie und Energieformen

Energie Symbol E oder W, Einheit 1 J (Joule)

- Energie wird an ihren Wirkungen erkannt. Wenn einem Körper Energie zu- oder abgeführt wird, so ändert er seine Form, Geschwindigkeit, Lage oder Temperatur.
- Energie ist die Fähigkeit eines Körpers, Stoffes oder Systems, Arbeit zu verrichten oder dieselbe zu speichern.
- Die Energiemenge 1 J wird benötigt, um einen Körper mit der Gewichtskraft 1 N um 1 m hoch zu heben.
- Energie kann portionsweise transportiert und gespeichert werden und sich von einer Energieform in eine andere wandeln (z. B. beim Motor: elektrische Energie wandelt sich in mechanische Energie). Energie kann niemals erzeugt oder vernichtet werden. Allerdings besitzen die Energieformen unterschiedliche Wertigkeiten. Wandelt sich eine Energieform leichter oder ist sie besser zu speichern als andere, so ist die Energieform wertvoller.

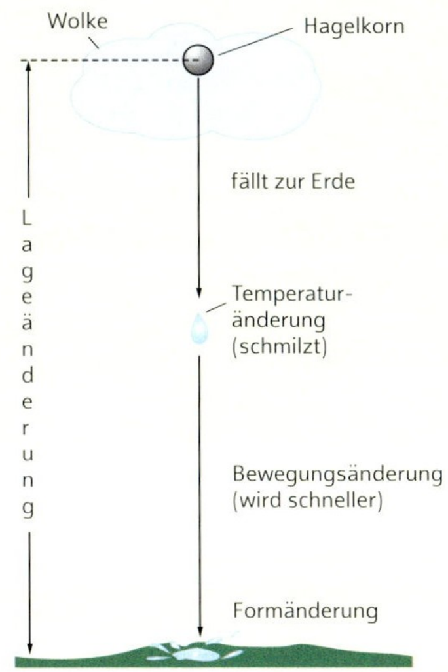

1. Finde für jede Wirkung je ein Beispiel und nenne die dazugehörenden Energieformen.
Form: Dehnung eines Gummibandes, Tennisball trifft auf dem Boden auf, Spannenergie; *Geschwindigkeit:* ein Auto fährt schneller oder bremst ab, Bewegungsenergie (zusätzlich auch chemische Energie und Reibung); *Lage:* ein Fahrstuhl fährt nach oben, ein Kran hebt eine Last, Höhenenergie; *Temperatur:* eine Suppe oder eine Bügeleisensohle wird aufgewärmt, innere Energie (→ Seite 16)

2. Die Energie wird auch manchmal in der Einheit 1 Nm (Newtonmeter), 1 Ws (Wattsekunde) oder 1 eV (Elektronenvolt) angegeben. Finde heraus, wie sich diese Einheiten ineinander umrechnen lassen.
$1\,\text{J} = 1\,\text{Nm} = 1\,\text{Ws} = 6{,}242 \cdot 10^{18}\,\text{eV}$

3. Nenne unterschiedliche Speicherungsmöglichkeiten.
Elektrische Energie: Batterie, Akku; *Höhenenergie:* Staudamm, Wasserturm; *Spannenergie:* gespannte Feder

4. Welches sind die wertvollsten Energieformen und welche besitzt den geringsten Wert?
Am wertvollsten sind elektrische Energie und Höhenenergie, da sie sich leicht wandeln lassen bzw. gut zu speichern sind; Reibung lässt sich am schlechtesten wiederverwerten.

Energieformen

- **Chemische Energie** ist in allen Stoffen gespeichert und kann z. B. durch Verbrennung freigesetzt werden. Beispiel: 1 ℓ Benzin liefert bei seiner Verbrennung 44 MJ = 44 000 000 J.
- **Elektrische Energie** wird in elektrischen Feldern gespeichert und mit der Formel $E_{el} = U \cdot I \cdot t$ berechnet (U = Spannung, I = Stromstärke, t = Zeitintervall).
  Beispiel: Elektrische Energie wird z. B. in Batterien und Akkumulatoren gespeichert.
- **Kernenergie:** Bei der Spaltung von bestimmten Atomkernen wird Energie freigesetzt, da die Kernbindungsenergie die einzelnen Kernbestandteile zusammenhält. Bei der Spaltung wird diese Energie abgegeben. Bei anderen Stoffen kann Energie durch Kernfusion freigesetzt werden.
- **Mechanische Energie** wird in verschiedene Formen unterteilt:
  a) **Kinetische Energie/Bewegungsenergie:** Sie befindet sich in jedem bewegten Körper und wird mit: $E_{kin} = \frac{1}{2} \cdot m \cdot v^2$ berechnet (m = Masse, v = Geschwindigkeit).
  b) **Potentielle Energie/Höhenenergie:** Zu einem frei gewählten Nullniveau ist ein Körper höher gelagert. Es gilt: $E_{Höhe} = m \cdot g \cdot h$ (m = Masse, g = Ortsfaktor, h = Höhe)
  c) **Rotationsenergie:** Sie tritt z. B. bei Drehungen von Windrädern oder Turbinen auf.
  d) **Spannenergie:** Sie tritt bei der Stauchung oder Dehnung von Federn auf und kann über $E_{Sp} = \frac{1}{2} \cdot D \cdot s^2$ berechnet werden. s ist die Ausdehnung oder Stauchung der Feder, D ist die Härte der Feder (auch Federkonstante genannt). Sie wird in $1\,\frac{\text{N}}{\text{m}}$ angegeben.
- **Licht:** Die Energie des Sonnenlichts kann z. B. in Solarzellen oder bei der Photosynthese genutzt werden und macht sich bei einem Sonnenbrand bemerkbar.
  Bei senkrechtem Einfall der Sonnenstrahlung wird im Jahresmittel innerhalb einer Sekunde eine Energie von rund 1,37 kWs auf 1 m² übertragen.

5. Eine Tafel Schokolade (100 g) besitzt ca. 530 kcal (Kilokalorie) Energieinhalt. Berechne, wie hoch damit ein Körper mit der Gewichtskraft 1 N gehoben werden kann, wenn 1 kcal = 4,19 kJ ist?
$530 \cdot 4{,}19 = 2220{,}7$; der Körper kann 2220,7 km hoch gehoben werden.

6. Wie viel Energie wird in einer 14-W-Energiesparlampe in einer Stunde umgesetzt?
$U = 230\,\text{V}$ Versorgungsspannung, $P = U \cdot I$; $I = \frac{P}{U}$; $I = \frac{14\,\text{W}}{230\,\text{V}} = 0{,}06\,\text{A}$;
$E_{el} = U \cdot I \cdot t = 230\,\text{V} \cdot 0{,}06\,\text{A} \cdot 3600\,\text{s} = 49\,680\,\text{J} \approx 50\,\text{kJ}$

7. Welches Material wird am häufigsten in der Kernspaltung eingesetzt und welche Spaltprodukte entstehen dabei? Uran 235: wird mit einem langsamen Neutron beschossen. Die Spaltprodukte sind dann meistens Barium, Krypton und drei schnelle Neutronen.

8. Eine 30 g schwere Murmel hat eine Bewegungsenergie von 650 mJ.
a) **Berechne die Geschwindigkeit, mit der sie (reibungsfrei) über den Boden rollt.**
$E_{kin} = \frac{1}{2} \cdot m \cdot v^2 \qquad v = \sqrt{2 \cdot \frac{E_{kin}}{m}} \Rightarrow v = \sqrt{2 \cdot \frac{0{,}65\,\text{J}}{0{,}03\,\text{kg}}} \Rightarrow v = 6{,}6\,\frac{\text{m}}{\text{s}}$
b) **Berechne, wie hoch die Murmel mit dieser Energie gehoben werden könnte.**
$E_{Höhe} = m \cdot g \cdot h \qquad h = \frac{E_{Höhe}}{m \cdot g} \Rightarrow h = \frac{0{,}65\,\text{J}}{0{,}03\,\text{kg} \cdot 9{,}81\,\frac{\text{N}}{\text{kg}}} = 2{,}2\,\text{m}$
c) **Wie weit könnte mit den 650 mJ eine Feder der Härte $4{,}5\,\frac{\text{N}}{\text{m}}$ zusammengedrückt werden?**
$E_{Spann} = \frac{1}{2} \cdot D \cdot s^2 \qquad s = \sqrt{2 \cdot \frac{E_{Spann}}{D}} \Rightarrow s = \sqrt{2 \cdot \frac{0{,}65\,\text{J}}{4{,}5\,\frac{\text{N}}{\text{m}}}} \Rightarrow s = 0{,}54\,\text{m} = 54\,\text{cm}$
d) **Auf die Murmel (Projektionsfläche 1 cm²) werden von der Sonne pro Stunde 0,1 Wh Energie übertragen. Berechne, wie hoch (rein theoretisch) damit die Murmel gehoben werden könnte.**
$0{,}1\,\text{Wh} = 360\,\text{Ws}$; $h = \frac{E}{g \cdot m} = \frac{360\,\text{J}}{9{,}81\,\frac{\text{m}}{\text{s}^2} \cdot 0{,}03\,\text{kg}} = 1{,}2\,\text{km}$

16 Innere Energie

Aggregatzustände bei Erwärmung

Aggregatzustand	fest	Übergang von fest zu flüssig	flüssig	Übergang von flüssig zu gasförmig	gasförmig
Temperatur	Steigt mit der Zeit an; nach unten durch den absoluten Nullpunkt (– 273,15 °C) begrenzt.	Bleibt so lange konstant, bis der Aggregatzustandswechsel vollständig vollzogen ist.	Steigt mit der Zeit wieder an.	Bleibt so lange konstant, bis der Aggregatzustandswechsel vollständig vollzogen ist.	Steigt mit der Zeit weiter an.
Teilchen	Feste Bindung, aber leichte Bewegung / Schwingung um den Stammplatz, mit der Zeit steigt die Bewegungsenergie der Teilchen.	Bindungen lockern sich bzw. werden aufgebrochen, die mittlere Bewegungsenergie ist konstant.	Teilchen sind gegeneinander verschiebbar, die Bewegungsenergie der Teichen steigt wieder.	Die Bindungen brechen komplett auf, die mittlere Bewegungsenergie der Teilchen ist wieder konstant.	Keine Bindungen mehr zwischen den Teilchen, die Bewegungsenergie steigt wieder mit der Zeit.

Temperatur
Symbol: T, Einheit: 1 K oder Symbol ϑ, Einheit: 1 °C

- Die Temperatur eines Körpers ist ein Maß für die Bewegungsenergie der Teilchen des Körpers und eng mit der inneren Energie verbunden. Temperaturen werden meist in Kelvin oder Grad Celsius angegeben.
- **Kelvin-Skala:** Ihr Nullpunkt (0 K) ist der absolute Nullpunkt.
- **Celsius-Skala:** Sie wird über die Fixpunkte *Schmelzpunkt des Wassers* (0° C) und *Siedepunkt des Wassers* (100 °C) definiert.
- **Umrechnung:** von Kelvin in Grad Celsius: $350\,\text{K} \mathrel{\hat=} (350 - 273{,}15)\,°\text{C} = 76{,}85\,°\text{C}$
  von Grad Celsius in Kelvin: $30\,°\text{C} \mathrel{\hat=} (30 + 273{,}15)\,\text{K} = 303{,}15\,\text{K}$
  Termperaturdifferenzen ΔT oder $\Delta\vartheta$ werden in Kelvin angegeben.

1. Ordne der Siedekurve von Wasser die entsprechenden Teilchenbilder zu.

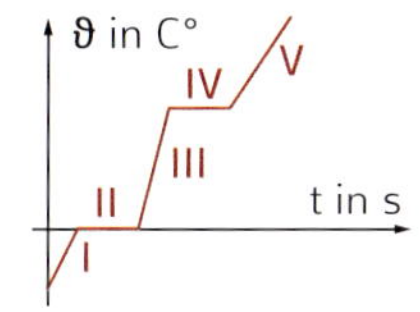

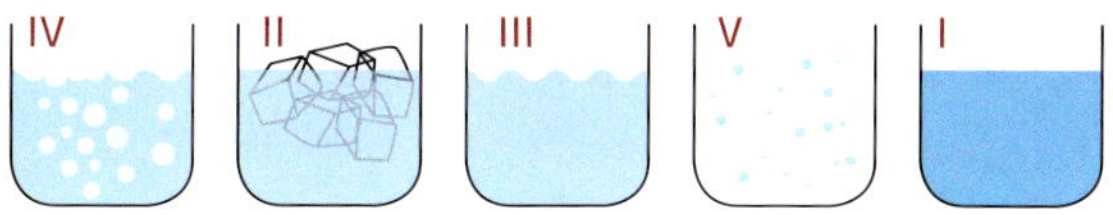

2. Finde heraus, wie die Übergänge vom festen zum flüssigen sowie zum gasförmigen Zustand und umgekehrt heißen.

fest → flüssig: schmelzen; flüssig → gasförmig: verdampfen; fest → gasförmig: sublimieren; gasförmig → fest: resublimieren; gasförmig → flüssig: kondensieren; flüssig → fest: erstarren

3. Rechne die Schmelztemperatur und die Siedetemperatur von Wasser in Kelvin um.

$0\,°\text{C} \mathrel{\hat=} (0 + 273{,}15)\,\text{K} = 273{,}15\,\text{K}$; $100\,°\text{C} \mathrel{\hat=} (100 + 273{,}15)\,\text{K} = 373{,}15\,\text{K}$

4. Wie groß ist die tiefste mögliche Temperatur in °C? $-273{,}15\,°\text{C} \mathrel{\hat=} 0\,\text{K}$

Innere Energie/Wärmeenergie
Symbol: E_{innere}, Einheit: 1 J

- (Sie wird auch als thermische Energie bezeichnet.) Sie ist in einem Körper in Form der Bewegungsenergie der Teilchen und ihrem Zusammenhalt (Bindungsenergie) gespeichert.
- Tritt keine Zustandsänderung auf, gilt: $\boldsymbol{E_{\text{innere}} = c \cdot m \cdot \Delta\vartheta}$
  c ist die spezifische Wärmekapazität und stoffabhängig (z. B. $c_{\text{Wasser}} = 4{,}19\,\frac{\text{kJ}}{\text{kg} \cdot K}$, da zur Erwärmung von 1 g Wasser um 1 K ohne Aggregatzustandsänderung ca. 4,19 J benötigt werden),
  m ist die Masse und $\Delta\vartheta$ beschreibt die Temperaturänderung in K.
- Ohne Energiezufuhr geht innere Energie nur von einem Körper höherer Temperatur zu einem Körper niedrigerer Temperatur über (2. Hauptsatz der Thermodynamik). Dass innere Energie von einem kälteren Gegenstand in einem wärmeren Zustand übergeht, gibt es in der Natur nicht.

5. Die unterschiedlich großen Eisenkugeln K_1 und K_2 werden in kochendes Wasser gelegt. Welche Aussagen lassen sich nach einiger Zeit über die jeweilige Temperatur und die innere Energie der Kugeln treffen?

Die Temperatur ist bei beiden gleich, die innere Energie der Kugel K_2 ist größer, da sich in ihr mehr Teilchen bewegen.

6. Berechne, wie viel Energie aufgebracht werden muss, damit ein Liter Wasser von Raumtemperatur (ca. 20 °C) auf 90 °C aufgeheizt wird.

$\Delta\vartheta = 90\,°\text{C} - 20\,°\text{C} = 70\,\text{K}$; $1\,\ell \mathrel{\hat=} 1\,\text{kg} \Rightarrow m = 1\,\text{kg}$; $E_{\text{innere}} = 4{,}19\,\frac{\text{kJ}}{\text{kg} \cdot \text{K}} \cdot 1\,\text{kg} \cdot 70\,\text{K} = 293{,}3\,\text{kJ}$

7. Finde ein Bespiel aus dem technischen Alltag, bei dem die innere Energie doch vom kälteren Zustand in einen wärmeren Zustand übergeht.

Beim Kühlschrank. Damit es im Inneren kalt bleibt, muss innere Energie aus dem Inneren an die warme Umgebungsluft außerhalb abgegeben werden. Dafür sorgt ein spezielles Bauteil, der Kompressor, eine Art Wärmepumpe.

17 Energieerhaltung, Reibung und Wirkungsgrad

Energieerhaltung

- In einem System, das energetisch geschlossen ist, ist die **Summe aller Einzelenergien konstant**. Energetisch geschlossen bedeutet, dass Energie weder von außen zu- noch von innen abgeführt wird.
- Innerhalb des Systems kann sich eine Energieform in eine andere wandeln, wie z. B. Licht in elektrische Energie in einer Solarzelle oder Höhenenergie in Bewegungsenergie, wenn ein Apfel von einem Baum herunterfällt.

1. Bei der Pendelbewegung treten drei unterschiedliche Energieformen auf.

a) Nenne die drei Energieformen.

Höhen-, Bewegungsenergie und Reibung.

b) Beschreibe die jeweiligen Energiemengen an den einzelnen Positionen.

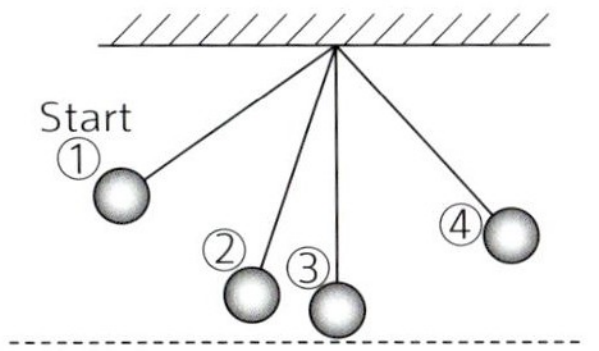

① Höhenenergie maximal, alle anderen Null.
② weniger Höhenenergie als bei ①, etwas Bewegungsenergie und Reibung;
③ keine Höhenenergie, maximale Bewegungsenergie, etwas mehr Reibung als bei ②;
④ maximale Höhenenergie, aber nicht so viel wie bei ①, keine Bewegungsenergie, noch mehr Reibung.

Reibung

- Die **Reibung** ist ein Nebeneffekt der Bewegung von Körpern. Sie tritt meistens bei mechanischer Arbeit auf, wenn z. B. ein Holzklotz über einen Tisch geschoben wird, sich also zwei Gegenstände, Flüssigkeiten o. ä. gegeneinander verschieben. Reibungsvorgänge wandeln mechanische Arbeit in (meist unerwünschte) innere Energie um, die an die Umgebung abfließt und nicht weiter genutzt werden kann. Die Wertigkeit der Energie nimmt ab (Energienentwertung), da sich Reibung nur schwer wieder in andere Energieformen wandeln kann. Diese Vorgänge sind **irreversibel**. Fälschlicherweise wird bei Reibung daher oft von „Energieverlust" gesprochen, obwohl die Summe der Energien konstant bleibt (Energieerhaltung).
- Ein Maß für die entwertete Energie stellt die **Entropie *S*** dar. Wird die Energie eines Systems um ΔW erhöht, so steigt auch die Entropie um den Wert ΔS.
Es gilt: $\Delta S = \frac{\Delta W}{\Delta T}$ mit ΔW = Energiemenge und ΔT = Temperaturunterschied.
Die Einheit der Entropie ist: $1\,\frac{\text{J}}{\text{K}}$.
- Für die Entropie gibt es keinen Erhaltungssatz, da sie bei irreversiblen Vorgängen immer nur steigen kann.
- Reibung ist aber erwünscht, wenn etwas gebremst oder erwärmt werden soll.
- Ein „**perpetuum mobile**" (lat.: etwas sich ständig Bewegendes) soll eine Maschine sein, die einmal aktiviert wird und dann ewig weiterläuft. Aufgrund des Auftretens der Reibung gilt es aber als absolut sicher, dass eine solche Maschine nicht gebaut werden kann. Die gewandelte Energie könnte wieder vollständig zurückgewonnen werden, d. h. der Vorgang wäre reversibel. Das gibt es in der Natur nicht.

2. Energieübergänge können mit dem Energieflussdiagramm (rechts) dargestellt werden. Die Energiewandler stehen dabei in den Kreisen, die Energie, die „unterwegs" ist, steht in den Pfeilen.
Beschrifte das Energieflussdiagramm unten und erkläre die Bedeutung der blauen Pfeile. Die blauen Pfeile sind entwertete Energie: Reibung.

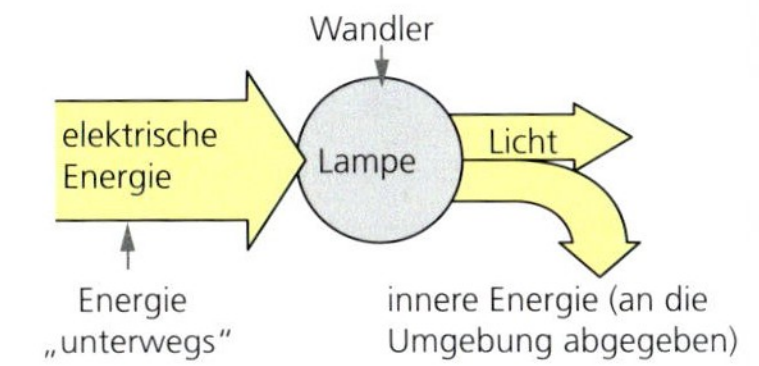

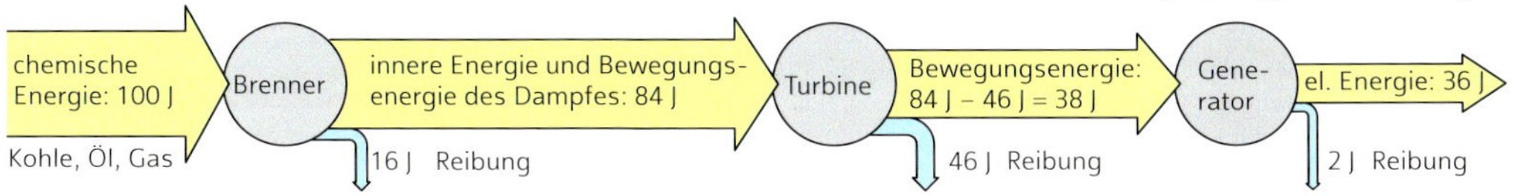

3. Nenne je zwei Situationen, in denen Reibung erwünscht bzw. nicht erwünscht ist.
Erwünscht: Bremsvorgänge, da die Reibung die Bewegungsenergie vermindert; Wasserkocher, da die Reibung in der Heizspirale als innere Energie auf das Wasser übertragen wird und die innere Energie des Wassers erhöht.
Unerwünscht: die Reibung bei Windkraftanlagen oder beim Dynamo am Fahrrad, da ein Teil der Bewegungsenergie unbrauchbar wird, da sie sich in innere Energie wandelt, die an die Umgebung abgegeben wird.

4. Das Bild zeigt eine Konstruktion für ein Perpetuum mobile. Erkläre, wie es funktionieren soll und woran die Konstruktion scheitert.

Das Wasser fließt unten aus dem Becher heraus und wird über den Schlauch wieder in den Becher geleitet, sodass der Wasserstand immer gleich bleibt (Kreislauf). Die Reibung zwischen Schlauchwand und Wasser sowie die Reibung zwischen den Wasserteilchen bringen das Prinzip zum Scheitern, da sie als nicht weiter nutzbare innere Energie an die Umgebung abgegeben wird.

Wirkungsgrad Symbol η, Einheit –

- Wandelt sich eine Energieform in eine andere, so tritt dabei immer anteilig eine Energieentwertung meist in Form von Reibung oder unerwünschter innerer Energie auf. Damit ist der **Wirkungsgrad** immer kleiner als 100 % oder als 1. Es gilt: Wirkungsgrad $\eta = \frac{\text{genutzte Energie}}{\text{zugeführte Energie}}$; $\eta = \frac{E_{\text{Nutz}}}{E_{\text{zu}}}$

5. Durch eine Glühlampe fließen 0,44 A. Die Lichtausbeute beträgt ca. 3 W.
Berechne den Wirkungsgrad der Glühlampe und bewerte das Ergebnis.

$U = 230\,\text{V}$ $\quad \eta = \frac{E_{\text{Nutz}}}{E_{\text{zu}}}$ $\quad \eta = \frac{P_{\text{Nutz}} \cdot t}{U_{\text{zu}} \cdot I_{\text{zu}} \cdot t}$ $\quad$ *t* kann gekürzt werden $\eta = \frac{3\,\text{W}}{230\,\text{V} \cdot 0{,}44\,\text{A}} = 0{,}03$ $\quad \eta = 3\,\%$

Die Lichtausbeute ist sehr gering und 97 % der zugeführten Energie gehen als innere Energie ungenutzt an die Umgebung. Daher werden Glühlampen inzwischen durch Energiesparlampen unterschiedlicher Technik ersetzt.

Akustik – Schall, Höhe, Lautstärke und Ausbreitung eines Tones/von Schall

Schall

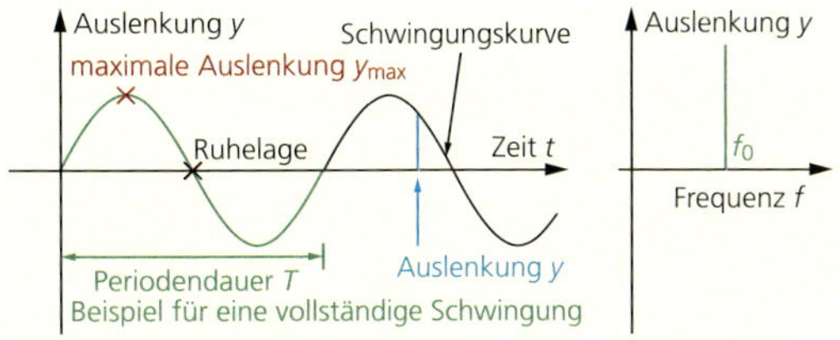

- **Schallwellen** können durch **schwingungsfähige Systeme** erzeugt werden. Dabei bewegt sich ein Oszillator um seine Ruhelage. Folgende Begriffe beschreiben die Schallwellen:
  - **Schwingung:** eine vollständige Hin- und Herbewegung
  - **Periodendauer T:** die Zeit, die für eine komplette Schwingung benötigt wird; Einheit $[T] = 1\,s$.
  - **Auslenkung y:** die momentane Auslenkung (auch: Elongation) des Oszillators aus seiner Ruhelage; Einheit $[y] = 1\,m$
  - **Amplitude y_{max}:** die maximale Auslenkung des Oszillators aus seiner Ruhelage; Einheit $[y_{max}] = 1\,m$.
  - **Frequenz f:** Anzahl der Schwingungen pro Sekunde; Einheit $[f] = 1\,s^{-1} = 1\,Hz$ (1 Hertz)
    Es gilt: $f = \frac{n}{t} = \frac{1}{T}$, n = Anzahl der Schwingungen, t = dafür benötigte Zeit
- Beim Schall wird unterschieden in:
  - **Geräusch:** Ein nichtperiodischer Vorgang mit kontinuierlichen Frequenzen.
  - **Knall:** Ein sehr kurzzeitiger, nichtperiodischer Vorgang mit hoher Amplitude.
  - **Klang:** Ein periodischer Vorgang mit mehreren Frequenzen. Es gibt einen Grundton mit der Grundfrequenz f_0. Alle weiteren Töne werden als Obertöne bezeichnet.
  - **Ton:** Die Schwingung entspricht einer Sinuskurve mit einer einzelnen Frequenz f_0. Der wohl bekannteste Ton ist der „Kammerton a" mit einer Frequenz von ca. 440 Hz.

1. Bestimme die Periodendauer, Amplitude und Frequenz der abgebildeten Schwingung.

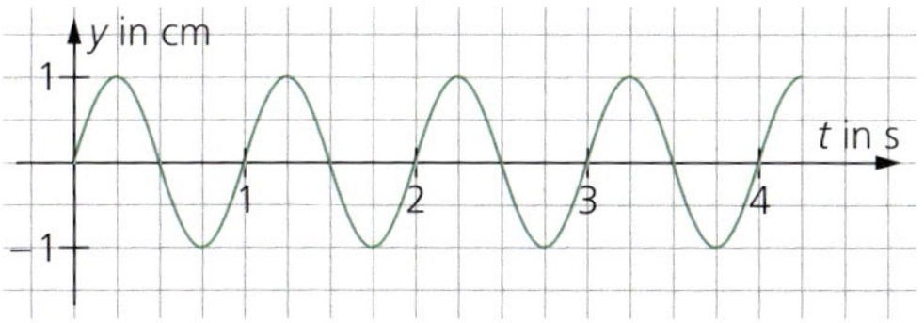

Periodendauer: $T = 1\,s$
Amplitude: $y_{max} = 1\,cm$
Frequenz: $f = \frac{1}{T} = \frac{1}{1\,s} = 1\,Hz$

2. Nenne je ein Beispiel für ein Geräusch, einen Knall, einen Klang und einen Ton.

Geräusch: ein Auto fährt vorbei
Knall: ein Schuss fällt
Klang: eine Geige wird gestrichen
Ton: Frequenzgenerator; digital erzeugter Ton, z. B. von einem Computer

3. Ordne den rechts dargestellten Frequenzdiagrammen die Schalltypen Geräusch, Klang und Knall zu.

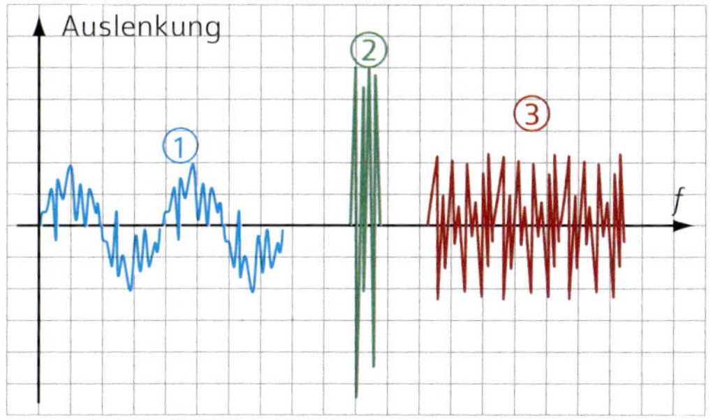

Das Diagramm
① zeigt einen Klang,
② einen Knall und
③ ein Geräusch.

Höhe und Lautstärke eines Tones

- Die **Höhe** eines Tones wird durch die Frequenz beschrieben.
  Je höher die Frequenz, desto höher der Ton.
- Die **Lautstärke** wird durch die Höhe der Amplitude beschrieben.
  Je höher die Amplitude, desto lauter der Ton.

4. Zeichne zu dem Diagramm in Aufgabe 1 einen Ton (schwarzer Graph) mit
a) doppelter Lautstärke (rot).
b) doppelter Tonhöhe (grün).

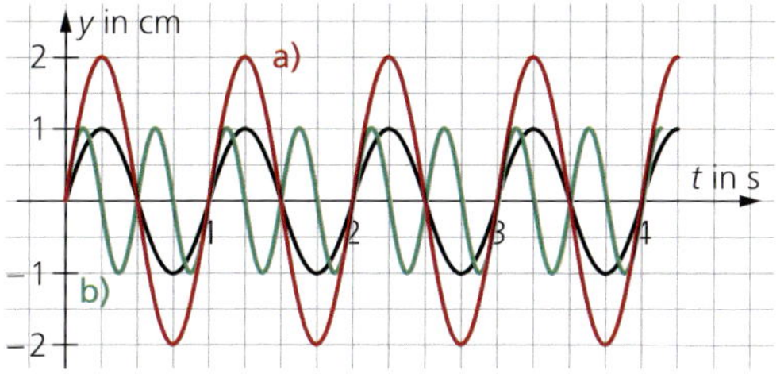

Ausbreitung von Schall

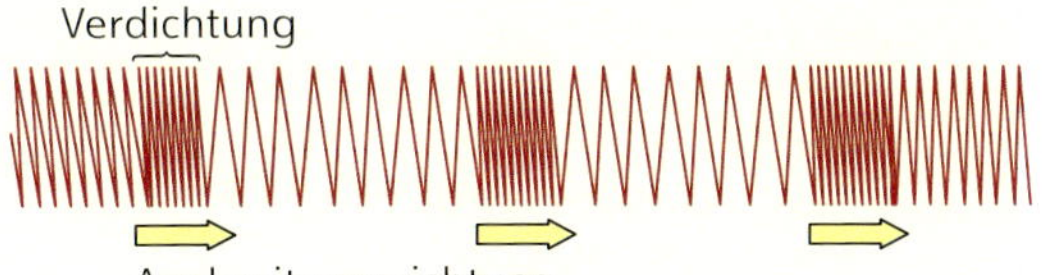

- Schall ist an ein Medium gebunden, das die Schwingungen als Druck- oder Dichteschwankungen weiterleitet.
- Für eine Richtung sieht die Ausbreitung einer Verdichtung wie bei einer Stahlfeder aus. Schall breitet sich jedoch in alle Richtungen aus. Im Vakuum kann Schall nicht transportiert werden.
- Die Ausbreitungsgeschwindigkeit c des Schalls hängt von dem Trägermedium ab. In Luft beträgt die Schallgeschwindigkeit ca. $c_L = 331\,\frac{m}{s}$.

1. In vielen Science-Fiction-Filmen rauschen die Raumschiffe mit deutlich hörbarem Antrieb am Zuschauer vorbei. Erkläre, was dabei physikalisch falsch ist.

Im All herrscht eine Art Vakuum, sodass kein Träger für den Schall vorhanden ist. Somit dürfte auch kein dröhnendes Antriebsgeräusch zu hören sein. Für den Film wäre das aber wenig eindrucksvoll!

2. In Wasser ist die Schallgeschwindigkeit wesentlich höher als in Luft, bei 20 °C ca. $1484\,\frac{m}{s}$. Erkläre, warum das so ist.

Die Bindung der Wassermoleküle ist viel stärker als die der Luftmoleküle, sodass eine bessere Übertragung möglich ist.

19 Gasgleichung, Wärmekraftmaschinen und *V*-*p*-Diagramm

Gasgleichungen

- Der Zustand einer Gasmenge lässt sich mit drei Größen komplett beschreiben. Diese **Zustandsgrößen** sind der **Druck *p***, die **Temperatur *T*** und das **Volumen *V*** der Gasmenge. Zwischen ihnen bestehen folgende Zusammenhänge:
- 1. Bei einer abgeschlossenen Gasmenge konstanter Temperatur T (isotherm) ist das Produkt aus Druck p und Volumen V konstant.
  Es gilt: $p_1 \cdot V_1 = p_2 \cdot V_2 =$ **konstant (Boyle-Mariotte'sches Gesetz).**
- 2. Bei einer abgeschlossenen Gasmenge konstanten Drucks (isobar) ist der Quotient aus ihrem Volumen V und ihrer Temperatur T konstant.
  Es gilt: $\frac{V_1}{T_1} = \frac{V_2}{T_2} =$ **konstant (Gay-Lussac'sches Gesetz).**
- 3. Bei einer abgeschlossenen Gasmenge konstanten Volumens (isochor) ist der Quotient aus ihrem Druck p und ihrer Temperatur T konstant.
  Es gilt: $\frac{p_1}{T_1} = \frac{p_2}{T_2} =$ **konstant (Amonton'sches Gesetz).**
- Alle drei zusammengefasst ergeben das **Allgemeine Gasgesetz** für ideale Gase.
  Es gilt: $p_1 \cdot \frac{V_1}{T_1} = p_2 \cdot \frac{V_2}{T_2} =$ **konstant**

Pa = Pascal
(Druckeinheit)
1013 h Pa = 1,013 bar

1. Für die ideale Gasmenge wurden Normbedingungen festgelegt.
Finde heraus, wie groß der Druck p, die Temperatur T und das Volumen V der Gasmenge unter Normbedingungen sind.
$p_N = 1013\,\text{hPa} = 1{,}013\,\text{bar}$; $T_N = 273{,}15\,\text{K}$ (bzw. $\vartheta_N = 0\,°\text{C}$) und $V_N = 2{,}2414 \cdot 10^{-2}\,\frac{\text{m}^3}{\text{mol}}$

2. Kreuze die richtigen Aussagen an und korrigiere die falschen.

a) Bei isobaren Vorgängen dehnen sich Gase bei steigender Temperatur aus.	x
b) Werden die Temperatur und der Druck einer abgeschlossenen Gasmenge verdoppelt, halbiert sich das Volumen.	
c) Ist ein Vorgang sowohl isochor als auch isobar, ist er automatisch auch isotherm.	x
d) Beim Auto ist der Druck in den Reifen kurz vor dem Fahren genauso groß wie kurz nach dem Fahren.	
e) Es gilt: $p_1 \cdot V_1 \cdot T_2 = p_2 \cdot V_2 \cdot T_1$	x

zu b): Nein: $2p \cdot \frac{V}{2T} \Rightarrow 2$ kürzt sich heraus, V bleibt konstant.
zu d): Da sich durch die Reibung beim Fahren auch die Temperatur erhöht, verändert sich auch der Reifendruck.

Wärmekraftmaschinen

- Eine Wärmekraftmaschine ist der **Heißluftmotor**. In ihm wird eine eingeschlossene Luftmenge periodisch erhitzt und dann wieder abgekühlt.
  Mit diesem Wechsel zwischen Ausdehnung der Luft und dem sich wieder Zusammenziehen, wird ein Kolben bewegt, der z. B. eine Masse anhebt.
  Die innere Energie der Luft wandelt sich in mechanische Energie. Ein Beispiel für einen Heißluftmotor ist der Stirlingmotor.

3. Beschrifte in der Skizze den Aufbau und beschreibe die Arbeitsprozesse im Stirlingmotor.

Aufbau:

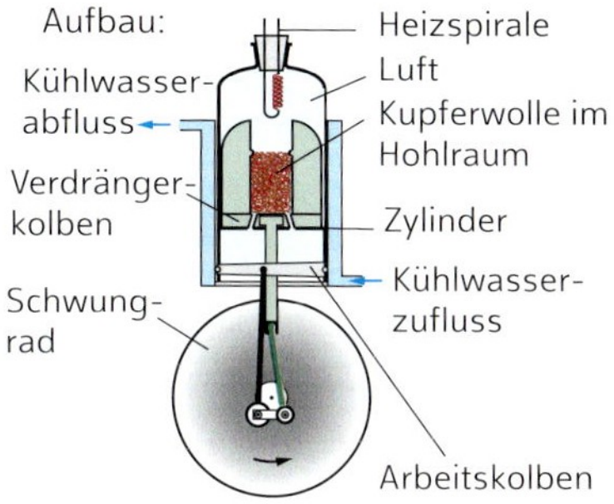

Arbeitsprozess:
Die Luft wird erwärmt und dehnt sich aus. Der Arbeitskolben wird nach unten gedrückt.
Der Verdrängerkolben bewegt sich nach oben in den heißen Bereich und schiebt die heiße Luft in den gekühlten Teil des Zylinders.
Durch das Abkühlen verringert sich das Luftvolumen. Der Arbeitskolben bewegt sich nach oben.
Der Verdrängerkolben geht nach unten und schiebt die kalte Luft wieder in den heißen Bereich.

Das *V*-*p*-Diagramm

- Das V-p-Diagramm zeigt einen **Kreisprozess**, der sich periodisch wiederholt.
- Es gibt Auskunft über die energetischen Vorgänge des Motors, da die Flächen unter dem Diagramm den jeweiligen Energien entsprechen, mit deren Hilfe der Wirkungsgrad ermittelt werden kann.
  Wirkungsgrad: $\eta = \frac{E_{zu} - E_{ab}}{E_{zu}} = 1 - \frac{E_{ab}}{E_{zu}}$

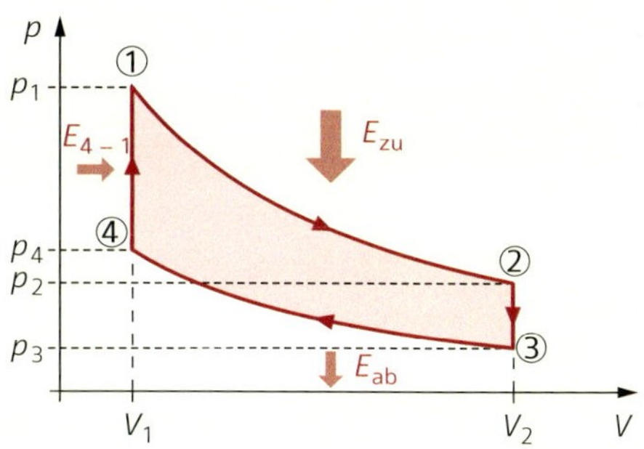

4. Ordne den Teilen des V-p-Diagramms die unterschiedlichen Takte des Stirlingmotors aus Aufgabe 3 zu.

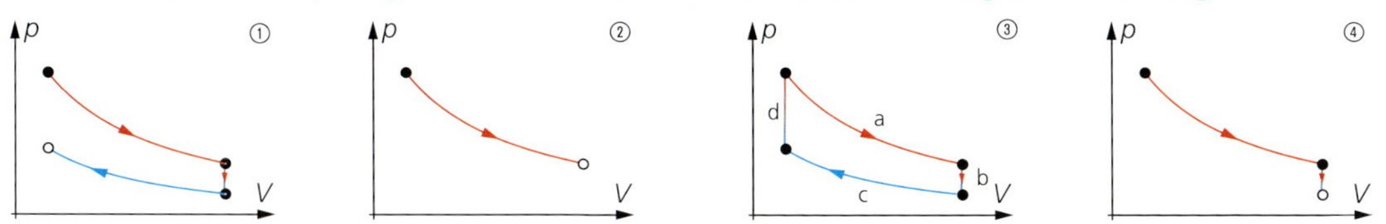

Reihenfolge: ②, ④, ①, ③

5. Welche Vorgänge im Bild ③ aus Aufgabe 4 sind isochor und welche sind isotherm?
Isochor: b, d, da das Volumen konstant bleibt;
isotherm: a und c, da p proportional zu $\frac{1}{V}$ ist.

20 Druck und Flüssigkeiten – Hydrostatischer Druck und Auftrieb

Druck Symbol: p, Einheit: 1 Pa oder 1 bar

- Ein Druck p entsteht, wenn eine Kraft F senkrecht auf eine Fläche A wirkt.
- Es gilt: $p = \frac{F}{A}$. Die Einheit des Drucks ist: 1 Pa (Pascal) = $1\,\frac{\text{N}}{\text{m}^2}$; 100 000 Pa = 1 bar
- Mit Manometern kann der Druck gemessen werden. Sie zeigen meistens den Druckunterschied zum Luftdruck an.

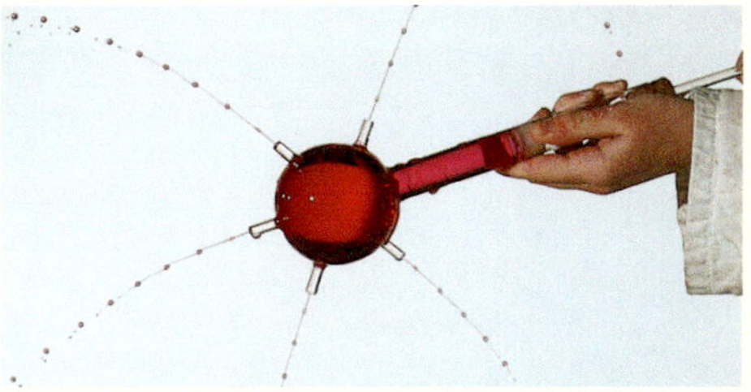

- Der Druck, der in einer Kugelspritze durch einen Stempel erzeugt wird, heißt **Stempeldruck**. Innerhalb eines Gas- oder Flüssigkeitvolumens ist er überall gleich. Das Gas oder die Flüssigkeit übt überall eine senkrecht gerichtete Kraft auf die Begrenzungsfläche aus.
- Bei Druckunterschieden fließt das Gas oder die Flüssigkeit vom Punkt des größeren Drucks zum Punkt des geringeren Drucks, bis ein Druckausgleich stattgefunden hat.

1. Finde heraus, wo im Alltag Überdruck im Vergleich zum Luftdruck genutzt wird.
Auto- oder Fahrradreifen, Blutdruck, Rasensprenger, Feuerwehrschläuche, Gasflaschen, Luftballons ...

2. Auf einer Fläche von $5\,\text{cm}^2$ herrscht ein Druck von 2,0 bar. Berechne die Kraft, die auf diese Fläche wirkt.
2,0 bar = 200 000 Pa; $5\,\text{cm}^2 = 0{,}0005\,\text{m}^2$; $F = p \cdot A = 200\,000\,\text{Pa} \cdot 0{,}0005\,\text{m}^2 = 100\,\text{N}$

3. Erkläre, warum bei einer vollen Spraydose das Gas per Knopfdruck ausströmt.
In der Dose herrscht ein wesentlich höherer Druck (Überdruck) als der Umgebungsdruck. Ist das Ventil geöffnet, kann ein Druckausgleich stattfinden und der Inhalt strömt so lange aus der Dose in die Umgebung, bis auf beiden Seiten des Ventils der gleiche Druck herrscht.

4. Erkläre, warum sich die Fenster bei großen Flugzeugen nicht öffnen lassen.
Bei einer Flughöhe von 10 km ist der Luftdruck bereits auf ein Viertel seines Ursprungswertes gesunken. Es fände ein Druckausgleich statt. (Für den Menschen ist der Sauerstoffgehalt der Luft zu gering und die Temperatur zu niedrig zum Überleben.)

Hydrostatischer Druck/Schweredruck Symbol: p, Einheit: 1 Pa oder 1 bar

- Unter der Oberfläche von Flüssigkeiten oder in Gasen herrscht der **hydrostatische Druck**. Ursache hierfür ist das Eigengewicht der Flüssigkeit oder des Gases.
- Es gilt: $\boldsymbol{p = h \cdot g \cdot \rho}$ mit h = Abstand zur Oberfläche und ρ = Dichte der Flüssigkeit oder des Gases $\left(\rho = \frac{m}{V}\right.$ mit m = Masse und V = Volumen des Gases/der Flüssigkeit$\left.\right)$.
- Der hydrostatische Druck ist in gleicher Tiefe einer Flüssigkeit gleich groß und wirkt nach allen Seiten. Er ist unabhängig von der Form des Gefäßes und der Gesamtmasse der sich darüber befindenden Flüssigkeitsmenge.

5. Leite aus der Formel $p = \frac{F}{A}$ die Formel für den Schweredruck her.
$$p = \frac{F}{A} = \frac{F_G}{A} = \frac{m \cdot g}{A} = \frac{V \cdot \rho \cdot g}{A} = \frac{A \cdot h \cdot g \cdot \rho}{A} = h \cdot g \cdot \rho$$

6. In den kommunizierenden Röhren (sie sind miteinander verbunden) befindet sich eine blaue Flüssigkeit. Zeichne die Flüssigkeitsstände in die drei weiteren Röhren ein und begründe.

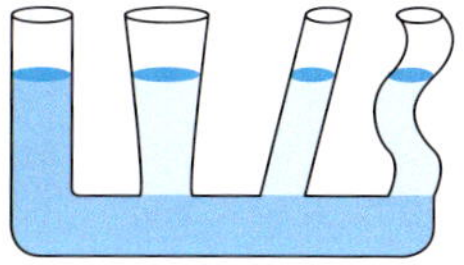

Der Füllstand ist bei allen gleich hoch, da der Schweredruck überall gleich ist. Wäre das nicht der Fall, würden sich die Kräfte am Boden so lange verschieben, bis ein Kräftegleichgewicht herrscht.

Auftrieb, Archimedes'sches Prinzip

- Es gibt drei Möglichkeiten für das Verhalten eines Körpers, der in eine Flüssigkeit getaucht und dann losgelassen wird:
  (1) Der Körper steigt wieder auf und **schwimmt**, da seine Dichte ρ_K kleiner ist als die der Flüssigkeit ρ_F. Es gilt: $\boldsymbol{\rho_F > \rho_K}$
  (2) Der Körper **schwebt** in der Flüssigkeit, da beide Dichten gleich sind: $\boldsymbol{\rho_F = \rho_K}$
  (3) Der Körper **sinkt**, da seine Dichte größer ist als die der Flüssigkeit: $\boldsymbol{\rho_F < \rho_K}$
- Befindet sich der Körper in einer Flüssigkeit, so erfährt er eine nach oben gerichtete Kraft, die den Körper leichter erscheinen lässt. Diese Kraft heißt **Auftriebskraft** F_A, oder kurz: **Auftrieb**. Sie entsteht allein dadurch, dass der Schweredruck mit der Tiefe zunimmt. Es gilt: $\boldsymbol{F_A = g \cdot \rho_F \cdot V_K}$
- Das **Archimedes'sche Prinzip** besagt: Der Auftrieb F_A ist so groß wie die Gewichtskraft der verdrängten Flüssigkeit $F_{GFlüssigkeit}$. Es gilt: $\boldsymbol{F_A = F_{GFlüssigkeit}}$

7. Finde je einen Stoff, der auf Wasser schwimmt, im Wasser schwebt und im Wasser sinkt.
Schwimmen: Holz, Styropor ... *Schweben:* Fische und U-Boote, die jeweils eine spezielle Schwimmblase bzw. Tauchkammer dafür besitzen ... *Tauchen:* Eisenkugel, Stein, Murmel ...

8. Eisen hat eine höhere Dichte als Wasser. Dennoch sind viele Schiffe aus Eisen bzw. Stahl gebaut und transportieren zusätzlich noch immense Lasten. Erkläre, warum sie nicht untergehen.
Der Schiffsrumpf ist so gebaut, dass die Gewichtskraft der verdrängten Wassermenge genauso groß ist wie die Gewichtskraft des Schiffes mit der Ladung. Daher gibt es bei Schiffen eine maximale Beladungsgrenze, zudem muss die Ladung gleichmäßig verteilt sein. Die mittlere Dichte des Schiffes mit Ladung muss aber kleiner sein als die Dichte des Wassers.

9. Erkläre, wie die Größenverhältnisse zwischen Auftriebskraft des vollständig eingetauchten Körpers und Gewichtskraft jeweils beim Schwimmen, Schweben und Sinken sein müssen.
Schwimmen: $F_A > F_G$, Schweben: $F_A = F_G$, Sinken: $F_A < F_G$

21 Mechanik – Kräfte und ihre Wirkung

Kräfte und ihre Wirkung

- Kräfte werden an ihren Wirkungen erkannt. Kräfte können
  - die Bewegung eines Körpers **verzögern** oder **beschleunigen**.
  - die **Bewegungsrichtung** eines Körpers **verändern**.
  - die **Form** eines Körpers entweder dauerhaft (unelastisch oder plastisch) oder zeitweilig (elastisch) **verändern**.
- Wirkt von einem Körper eine Kraft auf einen zweiten, so wirkt auch eine Gegenkraft von dem zweiten Körper auf den ersten (actio = reactio). Befinden sich die beiden Körper in Ruhe, befinden sie sich im **statischen Gleichgewicht**, Kraft und Gegenkraft haben den gleichen Betrag, sind aber entgegengesetzt gerichtet.

1. Nenne die Kraftwirkungen, die in dem Bild auftreten.
Gehe auch auf die Situation kurz vorher und kurz hinterher ein.
Vorher wird der Ball durch die Spannung der Besaitung stark abgebremst, *im Bild* sind die Besaitung und der Ball stark elastisch verformt, *danach* wird der Ball stark beschleunigt.

2. Um sein Boot am Steg anzubinden, überlegt der Junge, ob er einfach vom Boot auf den Steg springen soll.
Überlege, ob das sinnvoll ist und begründe deine Antwort.
Nein, da der Junge und das Boot sich gegenseitig abstoßen würden (Kraft und Gegenkraft). Der Junge fiele ins Wasser.

Kraft Symbol F, Einheit 1 N (Newton)

- Kraft besitzt eine Richtung (auch: Wirkungslinie) und einen Betrag, sie ist eine **vektorielle Größe**.
  Sie beginnt an einem Angriffspunkt und wird als Pfeil dargestellt (= Vektor), sodass die Richtung angezeigt wird. Die Länge des Pfeiles entspricht maßstabsgetreu dem Betrag, also der Stärke der Kraft.
  Die Wirkung der Kraft hängt somit vom **Angriffspunkt**, der **Richtung** und ihrem **Betrag** ab.

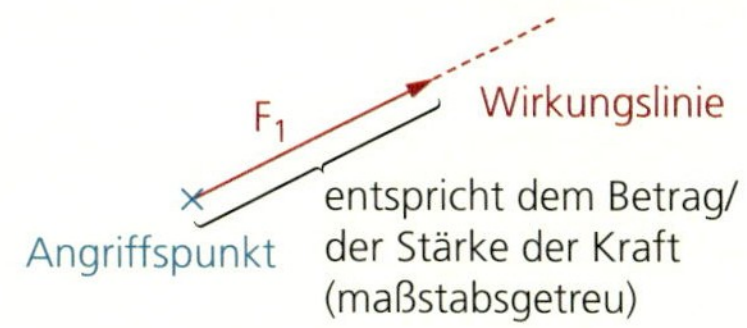

- Der Betrag wird in Newton angegeben und kann z. B. mit Federkraftmessern oder Federwaagen gemessen werden.

3. Zeichne im Maßstab 1 cm ≙ 20 N mit rot
a) die Kraft F_1, die waagerecht nach links zeigt und den Betrag 40 N hat.
b) die Kraft F_2, die 50 N besitzt und senkrecht nach oben zeigt .
c) die Kraft F_3, die 40 N besitzt und waagerecht nach rechts zeigt.
d) Sind die Kräfte F_1 und F_3 gleich?
e) Zeichne zu jeder dieser drei Kräfte die Gegenkraft schwarz ein.

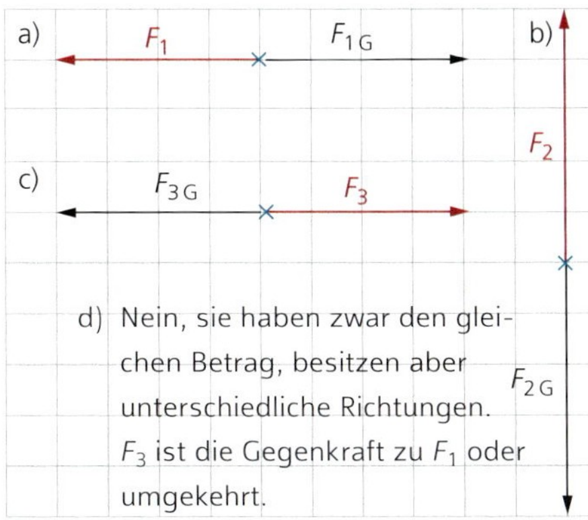

d) Nein, sie haben zwar den gleichen Betrag, besitzen aber unterschiedliche Richtungen. F_3 ist die Gegenkraft zu F_1 oder umgekehrt.

Verschiedene Kräfte

- **Grundgleichung der Mechanik (Newton'sches Grundgesetz, 2. Axiom):**
  $\boldsymbol{F = m \cdot a}$ mit m = Masse in kg, a = Beschleunigung in m/s²
- **Gewichtskraft:** $\boldsymbol{F_G = m \cdot g}$ mit g = Ortsfaktor; $g_{Erde} = 9{,}81$ N/kg
  Die Gewichtskraft ist immer auf den Erdmittelpunkt gerichtet.
  Der Ortsfaktor wird geringfügig größer, je weiter man sich in Richtung der Pole bewegt.
- **Hooke'sches Gesetz:** Für die Dehnung oder Stauchung einer Feder im elastischen Bereich gilt
  $\boldsymbol{F_s = D \cdot s}$ mit D = Federkonstante und s = Dehnung oder Stauchung der Feder.
- **Auftriebskraft:** $\boldsymbol{F_A = \rho \cdot g \cdot V}$ mit ρ = Dichte der Flüssigkeit / des Gases V = Volumen der verdrängten Flüssigkeit oder des verdrängten Gases
- **Druckkraft:** $\boldsymbol{F_P = p \cdot A}$ mit p = Druck, A = Fläche
- **Radialkraft/Zentrifugalkraft:** $\boldsymbol{F_r = m \cdot \frac{v^2}{r}}$ mit v = Geschwindigkeit, r = Radius
- **Reibungskraft:** $\boldsymbol{F_R = \mu \cdot F_N}$ mit μ = Reibungszahl, F_N = Normalkraft

6. Eine Tafel Schokolade erfährt auf der Erde eine Gewichtskraft von 2,94 N.
a) Berechne die Masse der Schokolade. $m = \frac{F}{g}$ $m = \frac{2{,}94\,\text{N}}{9{,}81\,\frac{\text{N}}{\text{kg}}}$ $m = 0{,}3\,\text{kg} = 300\,\text{g}$
b) Welche Gewichtskraft würde die Schokolade auf dem Mond erfahren $\left(g_M = 1{,}62\,\frac{\text{N}}{\text{kg}}\right)$?
$F = 0{,}3\,\text{kg} \cdot 1{,}62\,\frac{\text{N}}{\text{kg}} = 0{,}486\,\text{N}$ (fast 1/6 der Gewichtskraft auf der Erde).
c) Welche Masse hat die Tafel Schokolade auf dem Mond?
Immer noch 300 g, da die Masse ortsunabhängig ist.

7. Berechne, wie schwer ein Massestück ist, das eine Feder mit der Federkonstanten $D = 35\,\frac{N}{m}$ um 50 cm auslenkt. $F = 35\,\frac{\text{N}}{\text{m}} \cdot 0{,}5\,\text{m} = 17{,}5\,\text{N}$; $m = \frac{17{,}5\,\text{N}}{9{,}81\,\frac{\text{N}}{\text{kg}}} = 1{,}78\,\text{kg}$

8. Erkläre kurz, wie mithilfe einer Feder ein Federkraftmesser gebaut werden kann.
Die Federkonstante muss ermittelt werden, indem bekannte Massestücke an die Feder gehängt werden und die Auslenkung gemessen wird. Dann muss eine entsprechend eingeteilte Skala neben die Feder gestellt und der Nullpunkt festgelegt werden. Danach kann man messen.

Mechanik – Trägheit, Impuls und Kräfteaddition

Trägheit

- Ein Körper verharrt in Ruhe oder geradliniger, gleichförmiger Bewegung, solange keine Kräfte auf ihn wirken. Dieses Verhalten wird als **Trägheit** bezeichnet **(1. Newton'sches Axiom)**.
- Reibungskräfte verzögern aber jeden bewegten Körper.

$v = 0\,\frac{m}{s}$ $v = 5\,\frac{m}{s}$

Trägheit → bleiben in ihrem Bewegungszustand

Verformung

Reibung → Krafteinwirkung → Abbremsen, Richtungsänderung

1. Erkläre, was mit der Münze passiert, wenn die Postkarte ruckartig zur Seite weggezogen wird.

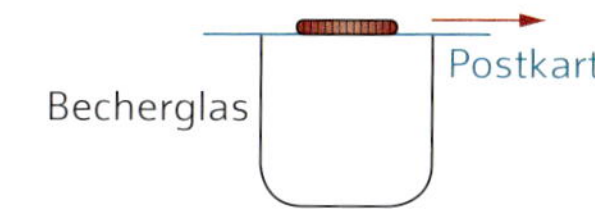

Aufgrund der Trägheit der Münze reichen die Reibungskräfte nicht aus, die Münze auf der Postkarte zu halten, sodass die Münze in das Becherglas fällt.

Impuls

Symbol: p, Einheit: $1\,\text{Ns} = 1\,\text{kg}\frac{\text{m}}{\text{s}}$

- Wirkt eine Kraft für einen bestimmten Zeitraum Δt auf einen Körper, ohne dass sie kompensiert wird, so ändert sich der Impuls des Körpers. Er setzt sich aus dem Produkt der Masse des Körpers und seiner Geschwindigkeit zusammen.
  Es gilt: $\boldsymbol{p = F \cdot \Delta t}$ **(2. Newton'sches Axiom)** bzw. $\boldsymbol{p = m \cdot v}$ $\left(\text{aus: } p = m \cdot a \cdot t = m \cdot \frac{v}{t} \cdot t\right)$
- Wie die Kraft und die Geschwindigkeit ist auch der Impuls eine gerichtete, d.h. vektorielle Größe und wird umgangssprachlich als die „Wucht" oder der „Schwung" der Masse bezeichnet.

2. Eine Schlittschuhläuferin der Masse 60 kg wird so angeschoben, dass sie eine Geschwindigkeit von $19{,}8\,\frac{\text{km}}{\text{h}}$ besitzt. Die Reibung kann vernachlässigt werden. Berechne ihren Impuls.

$19{,}8\,\frac{\text{km}}{\text{h}} = 5{,}5\,\frac{\text{m}}{\text{s}}$; $p = 5{,}5\,\frac{\text{m}}{\text{s}} \cdot 60\,\text{kg} = 330\,\frac{\text{kg}\,\text{m}}{\text{s}}$

3. Auf einen Körper wird über einen Zeitraum von 3 s die Kraft 5 N ausgeübt. Danach wird auf einen Körper halber Masse wieder für 3 s 5 N ausgeübt. Vergleiche die beiden Geschwindgkeiten.

$p = F \cdot \Delta t = m \cdot v$, da $F \cdot \Delta t$ konstant ist, muss $m \cdot v$ den gleichen Wert ergeben. Somit muss sich bei halbierter Masse die Geschwindigkeit verdoppeln.

Kräfteaddition (Kräfteparallelogramm)

- Greifen mehrere Kräfte an einem Punkt an, können deren Wirkungen durch eine Ersatzkraft zusammengefasst werden. α ist der Winkel, den beide Kräfte einschließen.
- Zeichnerische Lösung: Die Kraftpfeile werden jeweils parallel (in Richtung ihrer Wirkungslinien) an die Spitze des anderen Kraftpfeiles verschoben. Die resultierende Kraft entspricht dann dem rot eingezeichneten Pfeil, der vom Angriffspunkt zur gegenüberliegenden Ecke zeigt. Seine Länge entspricht maßstabsgetreu dem Betrag der Ersatzkraft. Das Ganze bildet ein Kräfteparallelogramm.

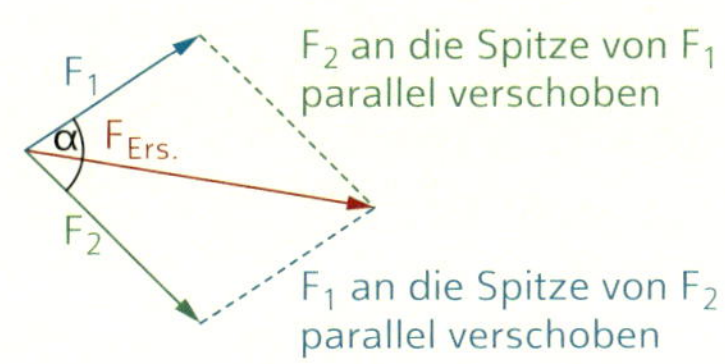

- Rechnerische Lösung: $F_{Ers.} = \sqrt{F_1^2 + F_2^2 + 2 \cdot F_1 \cdot F_2 \cdot \cos\alpha}$
  Sonderfälle (rechnerische Lösung):

  Beide Kräfte sind gleich gerichtet, $\alpha = 0°$: $F_{Ers.} = F_1 + F_2$

  Beide Kräfte sind entgegengesetzt gerichtet, $\alpha = 180°$: $F_{Ers.} = F_1 - F_2$

  Beide Kräfte stehen senkrecht aufeinander, $\alpha = 90°$: $F_{Ers.} = \sqrt{F_1^2 + F_2^2}$ (Satz des Pythagoras)

4. Zwei Kräfte $F_1 = 4\,\text{N}$ und $F_2 = 2\,\text{N}$ greifen mit einem Winkel von 50° zueinander an einem Punkt an.

a) Konstruiere die Ersatzkraft und bestimme ihren Betrag. $F_{Ers.} = 5{,}5\,\text{N}$

b) Bestätige den Betrag der Ersatzkraft auf rechnerischem Wege.

$F_{Ers.} = \sqrt{(4\,\text{N})^2 + (2\,\text{N})^2 + 2 \cdot 4\,\text{N} \cdot 2\,\text{N} \cdot \cos 50°} = 5{,}5\,\text{N}$

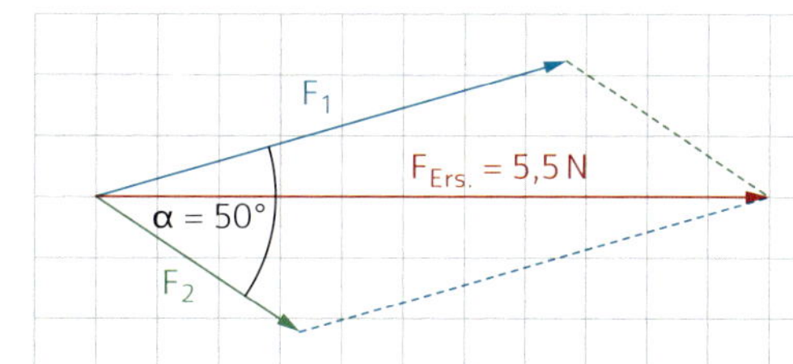

5. Die Kräfte $F_1 = 30\,\text{N}$ und $F_2 = 50\,\text{N}$ bilden einen Winkel von: a) 0° b) 90° c) 180°.
Ermittle jeweils die Ersatzkraft zeichnerisch im Maßstab 1 : 2 und rechnerisch.
Wann ist die Ersatzkraft am größten und wann am kleinsten?

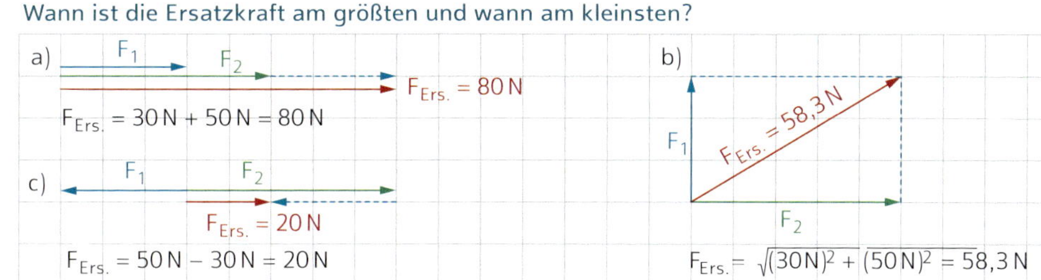

Bei einem Winkel von 0° ist die Ersatzkraft am größten, da die Kräfte sich gegenseitig verstärken. Bei einem Winkel von 180° sind sie am kleinsten, da die Kräfte gegeneinander wirken.

23 Mechanik – Kräftezerlegung, schiefe Ebene und Flaschenzug

Kräftezerlegung

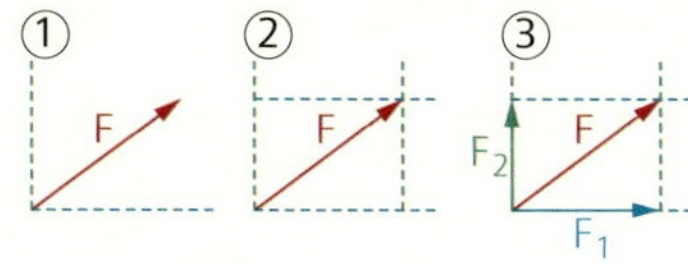

- Eine Einzelkraft kann in Teilkräfte zerlegt werden. Beispiel: Die Kraft *F* soll in ihren lotrechten und waagerechten Anteil zerlegt werden. Die Wirkungslinien der beiden Teilkräfte werden gezeichnet (①). Dann werden diese wieder parallel bis zu Spitze von *F* verschoben (②). Da beide Teilkräfte ebenfalls am Angriffspunkt beginnen, können sie nun eingezeichnet werden.

1. Eine Kraft *F* der Stärke 20 N steht in einem Winkel von 35° zur Horizontalen. Bestimme die horizontale und die lotrechte Teilkraft zeichnerisch.

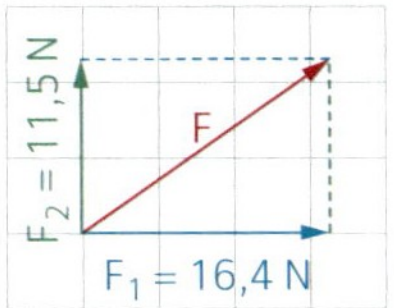

(1 mm ≙ 1 N)

2. Bei welchem Winkel entspricht der Betrag der Kraft F_1 dem der Kraft F_2?

Wenn der Winkel der Kraft *F* zur Horizontalen 45° beträgt.

Schiefe Ebene

- Die schiefe Ebene ist ein Kraftwandler. Der Betrag der Kraft F_H (Hangabtriebskraft), mit der die Kugel die Rampe hochgezogen werden muss, ist geringer als der Betrag der Gewichtskraft F_G der Kugel. Dafür ist die Strecke, über die gezogen werden muss, bei der Rampe länger.
- Die Dreiecke *l*-*h*-*s* und F_H-F_N-F_G sind ähnlich, daher gilt: $\frac{F_H}{F_G} = \frac{h}{l}$ mit $F_H = F_G \cdot \sin\alpha$ und $h = l \cdot \sin\alpha$

  Insgesamt bleibt die Arbeit konstant: $W = F_H \cdot l = F_G \cdot h$

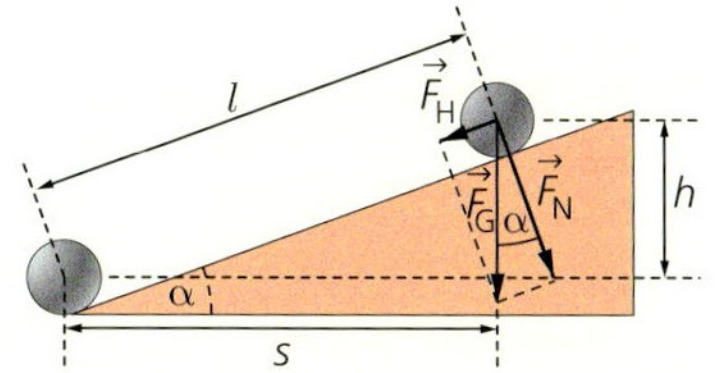

3. Ein 750 kg schweres Auto soll über eine Rampe auf die 1,20 m hohe Ladefläche eines Abschleppwagens gezogen werden. Zum Boden hat die Rampe einen Winkel von 25°.

a) Berechne die Hangabtriebskraft des Autos.

$F_G = 750\,\text{kg} \cdot 9{,}81\,\frac{\text{N}}{\text{kg}} = 7357{,}5\,\text{N}$; $F_H = 7357{,}5\,\text{N} \cdot \sin 25° = 3109{,}4\,\text{N}$

b) Berechne, um wie viel weiter dadurch der Zugweg geworden ist.

$l = \frac{h}{\sin\alpha} \Rightarrow l = \frac{1{,}2\,\text{m}}{\sin 25°} \Rightarrow l = 2{,}84\,\text{m}$ Wegunterschied: $2{,}84\,\text{m} - 1{,}2\,\text{m} = 1{,}64\,\text{m}$.

4. Begründe, warum an der schiefen Ebene keine Arbeit „gespart" wird.

Die Hangabtriebskraft wird um den Faktor *k* verringert, um den der Weg verlängert wird. $F_H = \frac{F_G}{k}$ und $l = k \cdot h$. Daraus ergibt sich: $W = F_H \cdot l = \frac{F_G}{k} \cdot k \cdot h = F_G \cdot h$.

Flaschenzug

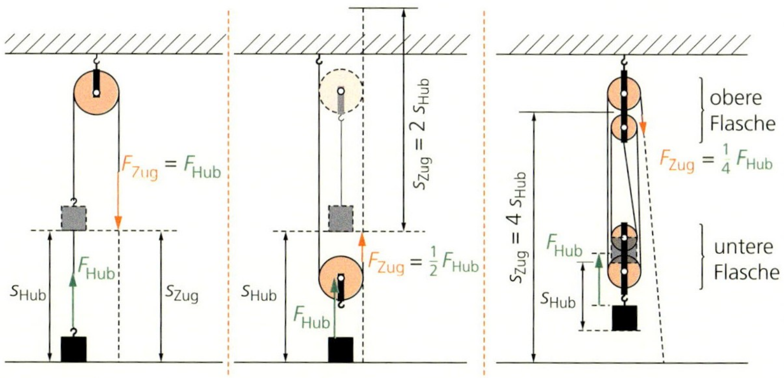

- Ein Flaschenzug besteht aus festen und losen Rollen.
- **Feste Rollen:** Der Betrag der Hubkraft H_{Hub} ist genauso groß, wie der Betrag der Zugkraft F_{Zug}, wenn die Reibung vernachlässigt wird, allerdings wird die Kraftrichtung umgelenkt. Die Zugstrecke s_{Zug} entspricht der Hubstrecke s_{Hub}.

  Es gilt (für die Beträge): $\mathbf{F_{Zug} = F_{Hub}}$ und $\mathbf{s_{Zug} = s_{Hub}}$
- **Lose Rolle:** Die Hubkraft verteilt sich auf beide Seilabschnitte, sodass die Zugkraft nur halb so groß wie die Hubkraft ist. Die Zugstrecke beträgt aber das Doppelte der Hubstrecke.

  Es gilt: $\mathbf{F_{Zug} = \frac{F_{Hub}}{2}}$ und $\mathbf{s_{Zug} = 2 \cdot s_{Hub}}$
- **Flaschenzug:** Die obere Flasche besteht aus mindestens einer festen Rolle und die untere aus mindestens einer losen. Die Hubkraft verteilt sich auf die *n* tragenden Seilabschnitte, sodass die Zugkraft nur noch einen *n*-ten Teil der Hubkraft beträgt. Dafür wird der Zugweg *n*-mal so lang wie der Hubweg. Es gilt: $\mathbf{F_{Zug} = \frac{F_{Hub}}{n}}$ und $\mathbf{s_{Zug} = n \cdot s_{Hub}}$

5. Berechne, welche Lasten du um 1 m hoch heben kannst, wenn du eine Zugkraft von 350 N aufbringen kannst und die angegebenen Rollen zu Verfügung hast. Bestimme auch die Länge der Zugstrecken.

a) Bei einer festen Rolle.

$F_{Zug} = F_{Hub} = 350\,\text{N}$; $m = \frac{F_{Hub}}{g}$; $m = 35{,}7\,\text{kg}$; $s_{Zug} = s_{Hub} = 1\,\text{m}$

b) Bei einer losen Rolle.

$F_{Hub} = 2 \cdot F_{Zug} = 700\,\text{N}$; $m = 71{,}4\,\text{kg}$ (das Doppelte der Masse aus Aufgabenteil a);

$s_{Zug} = 2 \cdot s_{Hub} = 2\,\text{m}$

c) Bei einem Flaschenzug mit 2 Flaschen, die jeweils 3 Rollen besitzen.

$n = 6$; $F_{Hub} = 6 \cdot 350\,\text{N} = 2100\,\text{N}$; $m = 214{,}1\,\text{kg}$; $s_{Zug} = 6 \cdot 1\,\text{m} = 6\,\text{m}$

6. Zwei Kinder messen ihre Kräfte. Das erste Kind versucht, das zweite Kind auf der Schaukel hochzuziehen und schafft das kaum. Danach versucht das zweite Kind sich auf der Schaukel selbst hochzuziehen und schafft das recht gut. Erkläre.

Für Kind 1 ist die Schaukel eine feste Rolle, bei der die Kraft nur umgelenkt wird. Es muss die gesamte Gewichtskraft des zweiten Kindes aufbringen. Wenn das zweite Kind das Zugseil hält, hängt es an zwei Seilen, zieht aber nur an einem. Damit muss es nur noch die Hälfte seiner Gewichtskraft aufbringen. Seine Sitzfläche ist zur losen Rolle geworden und damit die gesamte Schaukel zu einem Flaschenzug.

24 Mechanik – Bewegungen, Geschwindigkeit und Beschleunigung

Bewegungen

Bewegungen werden in vier Arten unterteilt:

- Die **geradlinige, gleichförmige** Bewegung, bei der ein Körper in gleichen Zeitabschnitten immer gleiche Streckenabschnitte zurücklegt.
- Die **geradlinige, gleichmäßig beschleunigte** Bewegung, bei der der Körper gleichmäßig schneller wird.
- Die **krummlinige** Bewegung, bei der die Bewegung ihre Richtung immer wieder ändert. Ein Spezialfall der krummlinigen Bewegung ist die **Kreisbewegung**.
- Die **Schwingung**, bei der der Körper zwischen zwei Punkten hin und her pendelt.

1. Finde für jede der vier Bewegungsarten zwei Beispiele.
   geradlinige, gleichförmige Bewegung: ein Auto fährt mit 50 $\frac{km}{h}$ eine gerade Straße entlang, die Ausbreitung von Licht oder Schall...
   geradlinig, gleichmäßig beschleunigte Bewegung: ein Apfel fällt von einem Baum, gleichmäßiges Abbremsen eines Autos, Start einer Rakete...
   krummlinige Bewegung: bergauf fahren mit Serpentinen, Fahrt mit dem Rad zu Schule, Kreisverkehr...
   Schwingung: Pendel einer Standuhr, Schaukeln...
2. Beschreibe die Bewegung eures Autos, wenn du mit deinen Eltern zum Einkaufen fährst.
   Anfahren: beschleunigte Bewegung, *Fahren:* geradlinig und krummlinig mit Beschleunigen und Abbremsen, *Parken:* Abbremsen bis zu Stillstand

Geschwindigkeit Symbol: v, Einheit $1\,\frac{m}{s}$ oder $1\,\frac{km}{h}$

- Die Geschwindigkeit bei einer geradlinigen, gleichförmigen Bewegung beschreibt, welchen Streckenabschnitt Δs ein Körper in einer bestimmten Zeitspanne Δt zurücklegt.
  Es gilt: $v = \frac{\Delta s}{\Delta t}$.
- Ist Δt groß, gibt v die **Durchschnittsgeschwindigkeit** an, ist Δt klein, beschreibt v die **Momentangeschwindigkeit**.
- Wird die Streckenmessung bei $s_0 = 0\,m$ begonnen, ergibt das t-s-Diagramm eine Ursprungsgerade. Ist $s_0 \neq 0\,m$, verschiebt sich der Graph parallel nach oben.
- Es gilt das lineare **Zeit-Weg-Gesetz**: $s(t) = v \cdot t + s_0$ mit der Geschwindigkeit: $v = \frac{s(t_2) - s(t_1)}{t_2 - t_1}$
- Umrechnung von $\frac{km}{h}$ in $\frac{m}{s}$: $1\,\frac{km}{h} = \frac{1000\,m}{3600\,s} = \frac{1}{3{,}6}\,\frac{m}{s}$, die Umrechnung von $\frac{m}{s}$ in $\frac{km}{h}$ erfolgt dann durch die Multiplikation der Geschwindigkeit in $\frac{m}{s}$ mit dem Faktor 3,6.
- **1. Newton'sches Grundgesetz:** Ein Körper, auf den keine äußeren Kräfte (z. B. Reibung) einwirken, verharrt in Ruhe $\left(v = 0\,\frac{m}{s}\right)$ oder im Zustand der geradlinigen, gleichförmigen Bewegung (v = konst.) (siehe auch „Trägheit" → Seite 22).

3. a) Bestimme die Durchschnittsgeschwindigkeiten der Teilstrecken und der Gesamtstrecke.

t	0 s	1 s	2 s	3 s	4 s
s	0 m	3,4 m	7,1 m	11 m	14 m
v	–	$3{,}4\,\frac{m}{s}$	$3{,}55\,\frac{m}{s}$	$3{,}67\,\frac{m}{s}$	$3{,}5\,\frac{m}{s}$

   Durchschnittsgeschwindigkeit Gesamtstrecke:
   $v = \frac{14\,m}{4\,s} = 3{,}5\,\frac{m}{s}$

   b) Im Auto zeigt die Tachonadel auf den Wert 65. Erkläre.
   Die Momentangeschwindigkeit des Autos beträgt $65\,\frac{km}{h}$.
4. Ein Auto fährt in 150 Minuten 175 km. Gib seine Geschwindigkeit in $\frac{km}{h}$ und in $\frac{m}{s}$ an.
   $150\,min = 2{,}5\,h$; $v = \frac{175\,km}{2{,}5\,h} = 70\,\frac{km}{h}$; $70 : 3{,}6 = 19{,}44$; $70\,\frac{km}{h} = 19{,}44\,\frac{m}{s}$
5. Bestimme das Zeit-Weg-Gesetz für den grünen und den blauen Graphen.
   grüner Graph: durch Ablesen: $\Delta s = 30\,m$; $\Delta t = 5\,s$;
   $v = \frac{30\,m}{5\,s} = 6\,\frac{m}{s}$; $s_{grün}(t) = 6\,\frac{m}{s} \cdot t$;
   blauer Graph: gleiche Geschwindigkeit wie beim grünen Graphen $s_0 = 30\,m$; $s_{blau}(t) = 6\,\frac{m}{s} \cdot t + 30\,m$

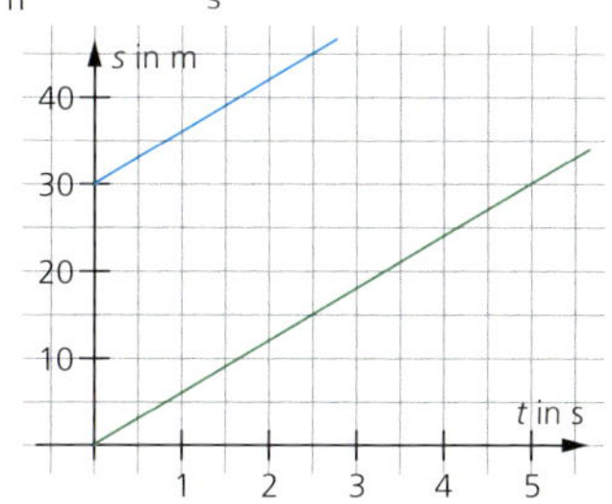

Beschleunigung Symbol: a, Einheit $1\,\frac{m}{s^2}$

- Wird innerhalb einer Zeitspanne Δt die Geschwindigkeit um den Betrag Δv geändert, dann ist der Körper beschleunigt. Es gilt: $a = \frac{\Delta v}{\Delta t}$.
- Besitzt a einen positiven Wert, wird der Körper schneller, ist a negativ, wird er abgebremst.
- Erfolgt die Beschleunigung aus dem Stillstand, d. h. $v_0 = 0\,\frac{m}{s}$, so ergibt das t-v-Diagramm eine Ursprungsgerade und das t-s-Diagramm einen Parabel-Ast, der im Ursprung beginnt.
- Das **Zeit-Weg-Gesetz** lautet: $s(t) = \frac{1}{2} \cdot a \cdot t^2$.
- Für eine bereits zurückgelegte Anfangsstrecke s_0 wird die Formel zu $s(t) = s_0 + \frac{1}{2} \cdot a \cdot t^2$.

6. Vergleiche die a) geradlinig gleichförmige Bewegung mit der b) geradlinig gleichmäßig beschleunigten Bewegung aus dem Stillstand, indem du für $s_0 = 0\,m$ jeweils die Graphen für das t-s-Diagramm, das t-v-Diagramm und das t-a-Diagramm zeichnest.

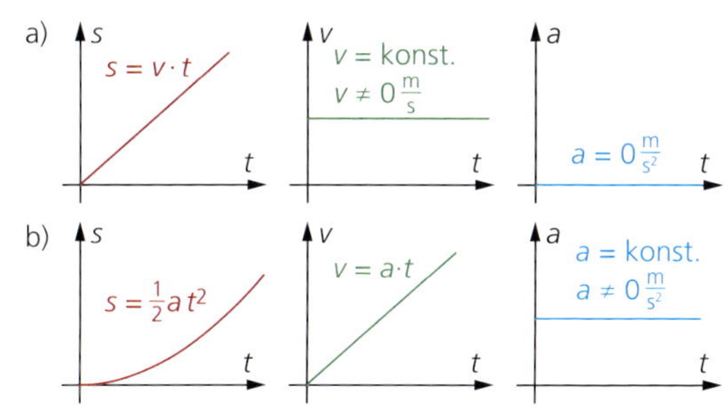

25 Bewegungen – senkrechter und waagrechter Wurf

Senkrechter Wurf

- Der senkrechte Wurf ist eine gleichmäßig beschleunigte Bewegung. Die zugehörige Beschleunigung ist die Erdbeschleunigung mit $g = 9{,}81\,\frac{\text{m}}{\text{s}^2}$ (Mitteleuropa). Je nach Anfangsbedingungen wird unterschieden in den
- (1) **senkrechten Wurf nach unten:**
  Der Gegenstand wird mit einer Anfangsgeschwindigkeit v_0 aus einer Höhe s_y nach unten geworfen.
  Für die **Fallstrecke s_y** gilt: $s_y = -\frac{1}{2} \cdot g \cdot t^2 - v_0 \cdot t$
  Für die **Geschwindigkeit v_y** gilt: $v_y = -g \cdot t - v_0$
  Für den Sonderfall **freier Fall**, also das reine Fallenlassen eines Gegenstandes, ist $v_0 = 0\,\frac{\text{m}}{\text{s}}$.

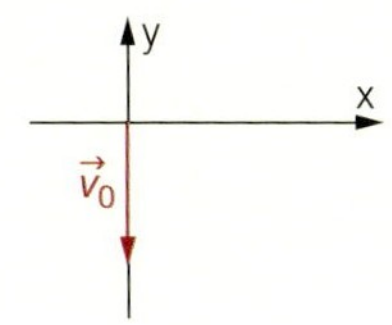

- (2) **senkrechten Wurf nach oben:**
  Ein Gegenstand wird nach oben geworfen.
  Für die **Steighöhe y_S** gilt: $y_S = v_0 \cdot t - \frac{1}{2} \cdot g \cdot t^2$
  Für die **Geschwindigkeit v_y** gilt: $v_y = v_0 - g \cdot t$
  Für die **Steigzeit t_S** gilt: $t_S = \frac{v_0}{g}$

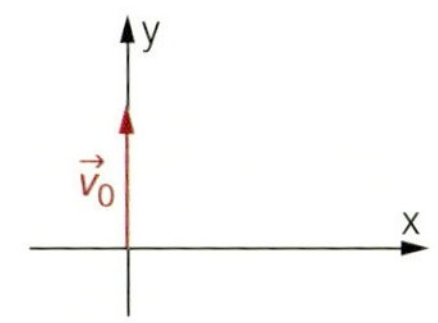

Waagerechter Wurf

- Ein Körper wird horizontal geworfen, sodass seine Flugbahn eine nach unten geöffnete Parabelbahn beschreibt.
  Der waagerechte Wurf kann in zwei gleichzeitig aber unabhängig voneinander ablaufende Bewegungen zerlegt werden: den *freien Fall* und eine *gleichförmige Bewegung* in horizontaler Richtung.

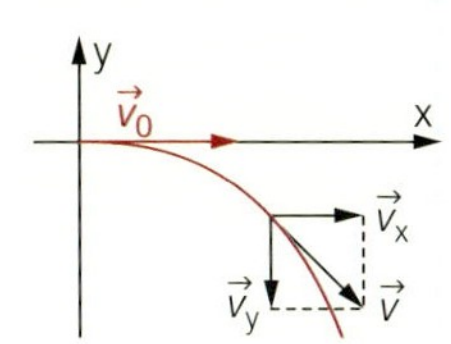

y-Richtung (lotrecht)	x-Richtung (horizontal)
Für die **Fallstrecke s_y** gilt: $s_y = -\frac{1}{2} \cdot g \cdot t^2$	Für die **Flugstrecke s_x** gilt: $s_x = v_x \cdot t$
Für die **Geschwindigkeit v_y** gilt: $v_y = -g \cdot t$	Für die **Geschwindigkeit v_x** gilt: $v_x = v_0$

- Die **Bahngeschwindigkeit** lässt sich über den Satz des Pythagoras berechnen:
  $v = \sqrt{(v_0)^2 + (g \cdot t)^2}$
- Die **Wurfparabel** wird beschrieben durch: $y = -\frac{g \cdot s_x^2}{2 \cdot v_0^2}$

1. Ein Apfel wird aus 15 m Höhe von einer Brücke in einen Fluss fallengelassen.

a) Berechne die Flugzeit des Apfels bis zum Aufprall auf der Wasseroberfläche.

$s_y = \frac{1}{2} \cdot g \cdot t^2 \Rightarrow t^2 = 2\frac{s_y}{g} \Leftrightarrow t = \sqrt{\frac{2 s_y}{g}} \Leftrightarrow t = \sqrt{\frac{2 \cdot 15\,\text{m}}{9{,}81\,\frac{\text{m}}{\text{s}^2}}}$

$\Leftrightarrow t = 1{,}75\,\text{s}$

b) Berechne die Geschwindigkeit, mit der der Apfel auf der Wasseroberfläche aufkommt.

$v = 9{,}81\,\frac{\text{m}}{\text{s}^2} \cdot 1{,}75\,\text{s} = 17{,}17\,\frac{\text{m}}{\text{s}} = 61{,}8\,\frac{\text{km}}{\text{h}}$

c) Wann ist das Aufplatschen oben beim Kind zu hören $\left(\text{Schallgeschwindigkeit } v_S = 330\,\frac{\text{m}}{\text{s}}\right)$?

$v_S = \frac{s_y}{t_S}$ (keine Beschleunigung) $t_S = \frac{s_y}{v_S} \Rightarrow t_S = \frac{15\,\text{m}}{330\,\frac{\text{m}}{\text{s}}} = 0{,}05\,\text{s}$; $t_{ges} = 1{,}75\,\text{s} + 0{,}05\,\text{s} = 1{,}8\,\text{s}$

d) Wie verändern sich die Fallzeit und die Aufprallgeschwindigkeit, wenn der Apfel von der Brücke mit $v_0 = 8\,\frac{\text{m}}{\text{s}}$ hochgeworfen wird und danach erst ins Wasser fällt?

Steigzeit: $t = \frac{8\,\frac{\text{m}}{\text{s}}}{9{,}81\,\frac{\text{m}}{\text{s}^2}} = 0{,}82\,\text{s}$; Steighöhe: $y_s = 8\,\frac{\text{m}}{\text{s}} \cdot 0{,}82\,\text{s} - \frac{1}{2} \cdot 9{,}81\,\frac{\text{m}}{\text{s}^2} \cdot (0{,}82\,\text{s})^2 = 3{,}26\,\text{m}$

neue Fallhöhe: $15\,\text{m} + 3{,}26\,\text{m} = 18{,}26\,\text{m}$

neue Flugzeit nach unten: $t = \sqrt{\frac{2 \cdot 18{,}26\,\text{m}}{9{,}81\,\frac{\text{m}}{\text{s}^2}}} \Rightarrow t = 1{,}93\,\text{s}$

neue Aufprallgeschwindigkeit: $v = 9{,}81\,\frac{\text{m}}{\text{s}^2} \cdot 1{,}93\,\text{s} = 18{,}93\,\frac{\text{m}}{\text{s}} = 68{,}15\,\frac{\text{km}}{\text{h}}$

Erdbeschleunigung = Ortsfaktor
$g = 9{,}81\,\frac{\text{m}}{\text{s}^2} = 9{,}81\,\frac{\text{N}}{\text{kg}}$

2. Eine Kugel wird horizontal mit der Geschwindigkeit $v_0 = 30\,\frac{\text{m}}{\text{s}}$ von einer Mauer geschleudert. Sie erreicht eine Wurfweite von 50 m.

a) Berechne die Zeit bis zum Aufprall.

Mit $v_x = v_0$ ist $s_x = v_0 \cdot t \Rightarrow t = \frac{s_x}{v_0} \Rightarrow t = \frac{50\,\text{m}}{30\,\frac{\text{m}}{\text{s}}} = 1{,}67\,\text{s}$.

b) Berechne, aus welcher Höhe die Kugel abgeworfen wurde.

$s_y = \frac{1}{2} \cdot g \cdot t^2 \Rightarrow s_y = \frac{1}{2} \cdot 9{,}81\,\frac{\text{m}}{\text{s}^2} \cdot (1{,}67\,\text{s})^2 = 13{,}68\,\text{m}$

c) Berechne, mit welcher Geschwindigkeit und unter welchem Winkel zur Horizontalen die Kugel auf dem Boden auftrifft.

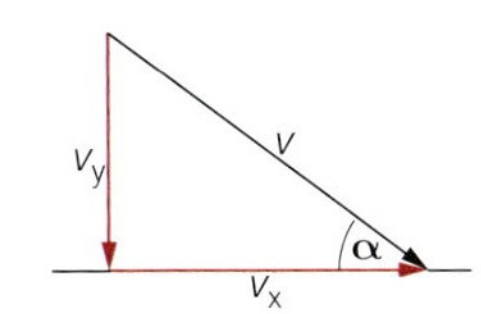

$v = \sqrt{v_x^2 + v_y^2}$ und $v_y = g \cdot t \Rightarrow v_y = 9{,}81\,\frac{\text{m}}{\text{s}^2} \cdot 1{,}67\,\text{s} = 16{,}38\,\frac{\text{m}}{\text{s}}$;

$v = \sqrt{\left(30\,\frac{\text{m}}{\text{s}}\right)^2 + \left(16{,}38\,\frac{\text{m}}{\text{s}}\right)^2} = 34{,}18\,\frac{\text{m}}{\text{s}}$; $\tan\alpha = \frac{v_y}{v_0} = \frac{16{,}38\,\frac{\text{m}}{\text{s}}}{30\,\frac{\text{m}}{\text{s}}} \Rightarrow$

$\alpha = 28{,}63°$

d) Erläutere, wie sich die Wurfweite verändert, wenn die Abwurfgeschwindigkeit aus gleicher Höhe verdoppelt wird.

Die Flugzeit bleibt gleich, sodass mit $s_x = v_0 \cdot t$ bei Verdoppeln der Anfangsgeschwindigkeit auch die Wurfweite verdoppelt wird. (Praktisch scheitert das aber an der Luftreibung.)

Schiefer Wurf/schräger Wurf

- Ein Gegenstand wird schräg nach oben geworfen.
  Seine Flugkurve kann in zwei Einzelbewegungen zerlegt werden.

für die x-Richtung gilt:	für die y-Richtung gilt:
$s_x = v_0 \cdot t \cdot \cos\alpha$	$s_y = v_0 \cdot t \cdot \sin\alpha - \frac{g}{2} \cdot t^2$
$v_x = v_0 \cdot \cos\alpha$	$v_y = v_0 \cdot \sin\alpha - g \cdot t$

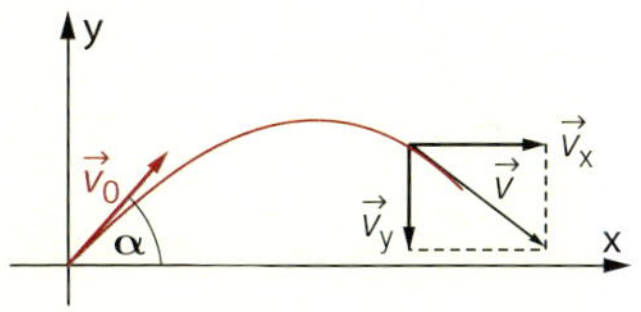

- Bahngeschwindigkeit: $v = \sqrt{v_0^2 + (g \cdot t)^2 - 2 \cdot v_0 \cdot g \cdot t \cdot \sin\alpha}$
- Wurfparabel: $y(x) = \tan\alpha \cdot x - \frac{g}{2 \cdot v_0^2 \cdot \cos^2\alpha} \cdot x^2$
- Wurfhöhe: $s_h = \frac{v_0^2 \cdot \sin^2\alpha}{2 \cdot g}$
- Wurfweite: $s_W = \frac{v_0^2 \cdot \sin(2\alpha)}{g}$
- Steigzeit: $t_h = \frac{v_0 \cdot \sin\alpha}{g}$

1. Unter einem Abwurfwinkel von 40° wirfst du deinem Freund einen Ball zu. Der Ball hat eine Anfangsgeschwindigkeit von $36\,\frac{km}{h}$.
   a) Berechne, wie weit dein Freund entfernt sein muss, damit er den Ball ohne Laufen auf gleicher Höhe auffangen kann.
   $v = 36\,\frac{km}{h} = 10\,\frac{m}{s}$; $v_y = v_0 \cdot \sin\alpha - g \cdot t$; am Scheitelpunkt gilt: $v_y = 0\,\frac{m}{s}$
   $\Rightarrow 0\,\frac{m}{s} = v_0 \cdot \sin\alpha - g \cdot t_{\frac{1}{2}} \Rightarrow t_{\frac{1}{2}} = v_0 \cdot \frac{\sin\alpha}{g} = 0{,}66\,s$ (die halbe Zeit (= Steigzeit))
   $\Rightarrow t_{ges} = 2 \cdot t_{\frac{1}{2}} = 1{,}32\,s$
   $s_x = v_0 \cdot \cos\alpha \cdot t = 10\,\frac{m}{s} \cdot \cos 40° \cdot 1{,}32\,s = 10{,}11\,m$. ODER $s_w = (v_0)^2 \cdot \frac{\sin(2\alpha)}{g} = 10{,}04\,m$
   (Rundungsungenauigkeit).
   b) Berechne die Wurfhöhe, die dein Ball erreicht. $s_h = \left(10\,\frac{m}{s}\right)^2 \cdot \frac{\sin^2 40°}{2 \cdot 9{,}81\,m/s^2} = 2{,}1\,m$
   c) Berechne, mit welcher Geschwindigkeit der Ball bei deinem Freund ankommt.
   $v = \sqrt{\left(10\,\frac{m}{s}\right)^2 + \left(9{,}81\,\frac{m}{s^2} \cdot 1{,}32\,s\right)^2 - 2 \cdot 10\,\frac{m}{s} \cdot 9{,}81\,\frac{m}{s^2} \cdot 1{,}32\,s \cdot \sin 40°} = 10{,}1\,\frac{m}{s}$.
   d) Überlege, bei welchem Abwurfwinkel die Wurfweite maximal wird.
   Bei der Wurfweite ist der Sinus des Abwurfwinkels entscheidend. Daher muss der Sinus von $2 \cdot \alpha$ maximal werden. Der Sinus erreicht seinen Maximalwert bei 90°, d. h. α muss 45° betragen.

Gleichförmige Kreisbewegung

- Bewegt sich ein Körper mit **gleichbleibender Bahngeschwindigkeit** v auf einer Kreisbahn, so führt er eine gleichförmige **Kreisbewegung** aus.
- Für seine Geschwindigkeit gilt: $v = 2 \cdot \pi \cdot \frac{r}{T}$ mit r = Radius der Kreisbahn, T = Umlaufzeit
- Die **Zentralkraft** F_Z hält den Körper auf seiner Kreisbahn. Sie hängt von der Geschwindigkeit, der Masse m des Körpers und dem Radius r ab.
  Es gilt: $F_Z = m \cdot \frac{v^2}{r}$. Die Zentralkraft ist stets zum **Kreismittelpunkt** gerichtet.
- Die gleichförmige Kreisbewegung ist eine beschleunigte Bewegung mit der Beschleunigung $a = \frac{v^2}{r}$
.

2. Ein Baum steht auf dem Äquator und wird vom All aus beobachtet. Berechne, wie schnell der Baum am Beobachter vorbeifliegt.
   $r = 6{,}37104 \cdot 10^6\,m$, $T = 24\,h$, $v = 2 \cdot \pi \cdot \frac{6{,}37104 \cdot 10^6\,m}{3600 \cdot 24\,s} = 463{,}32\,\frac{m}{s} = 1667{,}93\,\frac{km}{h}$
3. Berechne die Kraft, mit der sich ein 2 g schwerer Käfer an einer Flügelspitze eines Windrades mit dem Radius 13 m festhalten muss, wenn sich dieses in der Minute 10-mal dreht. (Die Reibung durch den Fahrtwind wird hier vernachlässigt.)
   $T = \frac{1\,min}{10} = \frac{60\,s}{10} = 6\,s$; $v = 2 \cdot \pi \cdot \frac{13\,m}{6\,s} = 13{,}61\,\frac{m}{s}$; $F = 2 \cdot 10^{-3}\,kg \cdot \frac{\left(13{,}61\,\frac{m}{s}\right)^2}{13\,m} = 0{,}03\,N$

Drehmoment Symbol: M, Einheit: 1 Nm

- Ein an einer **drehbaren Achse** befestigter Arm wird als **einseitiger Hebel** bezeichnet.
  Kommt ein weiterer Arm hinzu, handelt es sich um einen **zweiseitigen Hebel**.
- Wirkt auf den Hebel die Kraft F, so wird der Abstand des Drehpunktes von ihrer Wirkungslinie als Hebelarm oder Kraftarm r bezeichnet.
- Das **Drehmoment** M beschreibt das **Drehvermögen** des Hebels und lässt sich aus dem Produkt von Kraft und Hebelarm bestimmen. Es gilt: $M = F \cdot r$
- Ein Hebel ist im statischen Gleichgewicht, wenn die jeweiligen Summen aus den rechtsdrehenden Momenten und den linksdrehenden Momenten gleich sind.
  Es gilt: $M_{1r} + M_{2r} + \ldots = M_{1l} + M_{2l} + \ldots$

4. Beschrifte die Zeichnung mit den entsprechenden Begriffen.
   ① Hebel 1, ② Kraft 1, ③ Wirkungslinie der Kraft 1, ④ Hebel-/Kraftarm 1, ⑤ drehbare Achse, ⑥ Hebel-/Kraftarm 2, ⑦ Wirkungsline der Kraft 2, ⑧ Kraft 2, ⑨ Hebel 2 ⇒ zweiseitiger Hebel

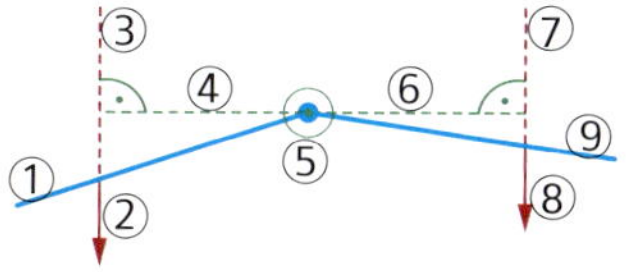

5. Ein einseitiger Hebel habe den Kraftarm von 200 cm. Das wirkende Drehmoment beträgt 17 Nm.
   a) Berechne die wirkende Kraft. $F = \frac{M}{r} = \frac{17\,Nm}{2\,m} = 8{,}5\,N$
   b) Auf der anderen Seite kommt ein zweiter Hebel dazu. Auf ihn wirkt eine Kraft von 15 N. Wie lang muss der Hebelarm sein, damit das System im statischen Gleichgewicht ist? $M_{1r} = M_{1l}$; $Nm = r_2 \cdot 15\,N$; $r_2 = \frac{17\,Nm}{15\,N} = 1{,}13\,m$

Atom- und Kernphysik – Aufbau von Atomen und PSE

Der Aufbau von Atomen

Das Atom

- besteht aus einem **Atomkern** und einer **Atomhülle** (Kern-Hülle-Modell).
- ist nach außen **elektrisch neutral**. (Werden dem Atom Elektronen entweder entzogen oder hinzugefügt, ist es nicht mehr neutral. Es heißt dann Ion und ist bei einem Elektronenmangel positiv und bei einem Elektronenüberschuss negativ geladen.)
- bildet mit anderen Atomen im Verbund Moleküle.
- wird als kugelförmig angenommen und besitzt einen Durchmesser von ca. 10^{-10} m.

Der Atomkern

- besteht aus Z einfach positiv geladenen **Protonen** und N elektrisch neutralen **Neutronen**.
  Z ist die Kernladungszahl oder Ordnungszahl und bestimmt das chemische Element.
  Neutronen und Protonen heißen zusammen Nukleonen (Kernbauteilchen) und ergeben die Nukleonenanzahl oder **Massenzahl** A. Es gilt: $A = Z + N$. Die Kernart heißt Nuklid.
- beinhaltet nahezu die gesamte Masse des Atoms.
- besitzt einen Durchmesser von ca. 10^{-14} m.
- wird durch die Kernkraft zusammengehalten, die stärker als die abstoßende elektrische Kraft zwischen den Protonen (Coulombkraft) ist und nur eine geringe Reichweite hat (ca. bis zum nächsten Nukleon).

Die Atomhülle

- beinhaltet die negativ geladenen **Elektronen**.
- Im neutralen Atom ist die Anzahl der Hüllenelektronen gleich der Anzahl der Protonen im Kern.

Das Periodensystem der Elemente (PSE)

- Durch die **Kurzschreibweise** $^{A}_{Z}X$ wird das Nuklid eindeutig bestimmt.
  N ist aus der Differenz von A und Z bestimmbar: $N = A - Z$.
  Im PSE ist das Isotop aufgeführt, das in der Natur am häufigsten vorkommt.

Hauptgruppenelemente

	I. Gruppe	II. Gruppe	III. Gruppe	IV. Gruppe	V. Gruppe	VI. Gruppe	VII. Gruppe	VIII. Gruppe
1. Periode	1 H Wasserstoff							2 He Helium
2. Periode	3 Li Lithium	4 Be Beryllium	5 B Bor	6 C Kohlenstoff	7 N Stickstoff	8 O Sauerstoff	9 F Fluor	10 Ne Neon
3. Periode	11 Na Natrium	12 Mg Magnesium	13 Al Aluminium	14 Si Silicium	15 P Phosphor	16 S Schwefel	17 Cl Chlor	18 Ar Argon
4. Periode	19 K Kalium	20 Ca Calcium	31 Ga Gallium	32 Ge Germanium	33 As Arsen	34 Se Selen	35 Br Brom	36 Kr Krypton
5. Periode	37 Rb Rubidium	38 Sr Strontium	49 In Indium	50 Sn Zinn	51 Sb Antimon	52 Te Tellur	53 I Iod	54 Xe Xenon
6. Periode	55 Cs Caesium	56 Ba Barium	81 Tl Thallium	82 Pb Blei	83 Bi Bismut	84 Po Polonium	85 At Astat	86 Rn Radon
7. Periode	87 Fr Francium	88 Ra Radium						

1. Alle Elemente (Stoffe, die chemisch nicht weiter trennbar sind) werden im Periodensystem der Elemente (kurz: PSE) sortiert. In den Spalten (Gruppen) befinden sich Stoffe gleicher chemischer Eigenschaften, der gleichen Anzahl von Valenzelektronen (Elektronen auf der äußersten Schale). Erkläre, wie das PSE in den Zeilen (Perioden) sortiert ist.
   In den Perioden sind die Stoffe nach ihrer Anzahl von Protonen aufsteigend sortiert, beginnend mit 1.
2. Erkläre, warum die Kernladungszahl auch Ordnungszahl genannt wird.
   Die Kernladungszahl entspricht auch der Anzahl der Protonen, nach der die Elemente im PSE sortiert bzw. geordnet sind.
3. Beschreibe das rechts abgebildete Atom und finde heraus, um welches Element es sich handelt. Begründe deine Antwort.
   Es handelt sich um Lithium, da das Atom aus 3 Protonen (rot) und drei Elektronen (blau) besteht sowie 4 Neutronen (weiß) besitzt. Damit ist die Massenzahl 7. Die Nukleonen (weiß und rot) bilden den Atomkern, die Elektronen bilden die Atomhülle.

Lithium

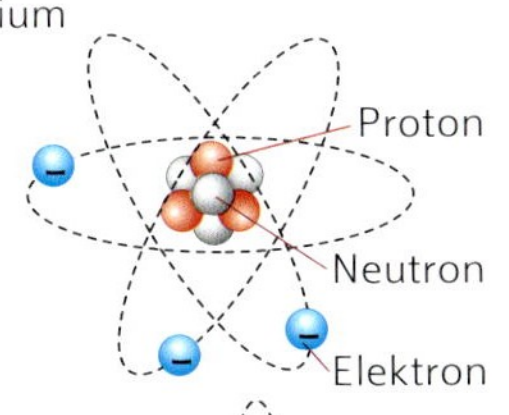

4. Zeichne ein Beryllium-Atom und gib die Anzahl der Elektronen, Neutronen, Protonen sowie die Massen- und Ordnungszahl an.
   4 Elektronen, 5 Neutronen, 4 Protonen, $4 + 5 = 9$ Nukleonen, d. h. die Massenzahl ist 9;
   Die Kernladungs- oder Ordnungszahl ist 4.

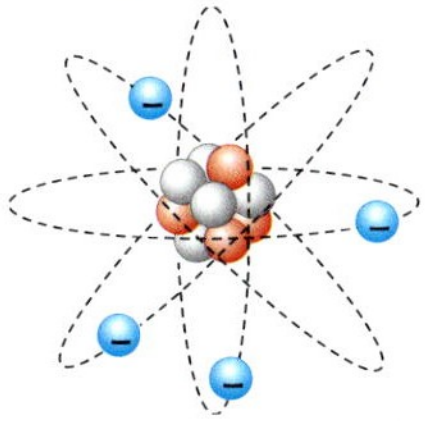

5. Gib die Kurzschreibweise von Sauerstoff (16 Nukleonen), Schwefel (32 Nukleonen) und Zinn (119 Nukleonen) an.
   Sauerstoff: $^{16}_{8}O$; Schwefel: $^{32}_{16}S$; Zinn: $^{119}_{50}Sn$
6. Welche Stoffe verbergen sich hinter den Kurzschreibweisen: $^{1}_{1}H$; $^{55}_{26}Fe$ und $^{196}_{79}Au$?
   Wasserstoff, Eisen (lateinischer Name: Ferrum) und Gold (lateinischer Name: Aurum)
7. Zur Altersbestimmung von organischen Stoffen wird der Kohlenstoff C14 verwendet. Erkläre, wie sich dieser Stoff von dem im PSE genannten C12 unterscheidet.
   Die Massenzahl weicht um 2 Nukleonen ab. Da es das gleiche Element ist, muss es sich um Neutronen handeln. Stoffe, deren Nukleonenanzahl von dem Ursprungselement abweichen, werden Isotope genannt.
8. Im PSE sind die Elementsymbole in unterschiedlichen Farben gekennzeichnet, die z. T. für die Aggregatzustände oder besondere Eigenschaften stehen. Weiß kennzeichnet z. B. künstliche Elemente. Finde anhand der Farbe von Sauerstoff, Brom, Blei und Radium heraus, welche Farbe wofür steht.
   Sauerstoff ⇒ rötlich = gasförmige Elemente; Brom ⇒ blau = flüssige Elemente;
   Blei ⇒ grau = feste Elemente; Radium ⇒ grün = natürlich radioaktive Elemente.

Kernphysik – Radioaktivität, Strahlungsarten und Geiger-Müller-Zählrohr

Radioaktivität

- Ein Stoff ist **radioaktiv**, wenn er z. B. Fotopapier schwärzen oder Luft ionisieren kann.
- Der Stoff sendet dabei unsichtbare Strahlung aus, die auch **ionisierende Strahlung** genannt wird.
- Natürliche radioaktive Stoffe sind z. B. Uran, Polonium, Thorium, Plutonium, Radium.
- Künstliche Quellen ionisierender Strahlung sind z. B. Kernkraftwerke, medizinische Verfahren usw.

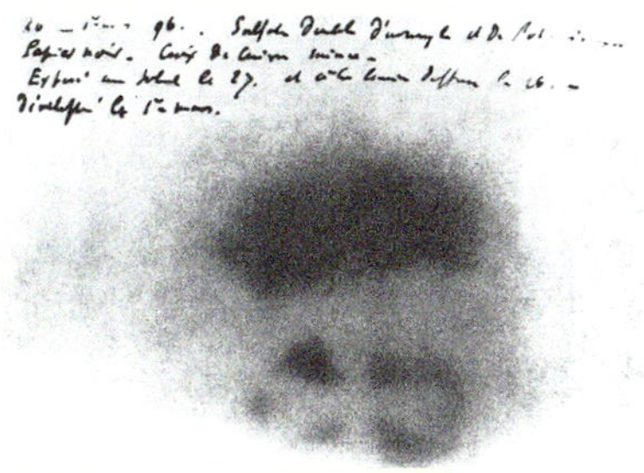

1. 1896 entdeckte Henri Bequerel durch Zufall die Radioaktivität. Ein Brocken Uranerz lagerte für mehrere Tage auf einem Stapel lichtdicht verpacktem Fotopapier (siehe Bild).
Erkläre, welche Beobachtung Henri Bequerel machte.
Die Fotoplatten waren trotz lichtdichter Verpackung belichtet. Das Bild zeigte den Umriss des Uranerzbrockens, der durch seine Strahlung trotz der Verpackung die Platte geschwärzt hatte.

Strahlungsarten

- Es gibt drei unterschiedliche Strahlungsarten, wobei die β-Strahlung in β^-- und β^+-Strahlung unterteilt wird.

Arten	α-Strahlung	β^--Strahlung	β^+-Strahlung	γ-Strahlung
Besteht aus	Heliumkernen, d. h. 2 Protonen und 2 Neutronen	schnellen Elektronen	schnellen Positronen	Energie
Ladung	2-fach positiv	einfach negativ	einfach positiv	neutral
Reichweite in Luft/ Energie	< 10 cm diskrete Werte von 1 bis 10 MeV	< 5 m kontinuierliche Werte von 0 bis 5 MeV	< 5 m kontinuierliche Werte von 0 bis 5 MeV	unbegrenzt diskrete Werte von 0,01 bis 10 Mev
Abschirmung	Blatt Papier oder dünne Metallfolie	5 mm starke Aluminiumplatte	5 mm starke Aluminiumplatte	nur Abschwächung durch Blei oder Beton
Ablenkbarkeit im Magnetfeld	ja, da positiv geladen	ja, da negativ geladen	ja, da positiv geladen	nein, da neutral

2. Erkläre, um welche Strahlungsart es sich in der Abbildung handelt.
Gelb: α-Strahlung, da sie bereits durch Papier abgeschirmt werden kann.
Orange: β-Strahlung, da sie durch Papier durchgeht, aber von 5 mm Aluminium abgeschirmt wird.
Rot: γ-Strahlung, da sie nur abgeschwächt, nicht aber abgeschirmt werden kann.

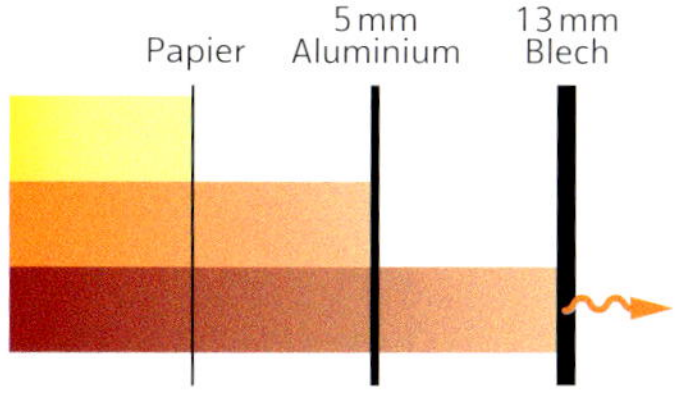

3. Das Magnetfeld geht in die Ebene hinein.
Erkläre, welche Farbe welcher Strahlungsart entspricht.
Blau: α-Strahlung (Lorentz-Kraft, Rechte-Hand-Regel). *Rot:* γ-Strahlung, wird nicht abgelenkt, da sie neutral ist.
Grün: β^--Strahlung, sie wird entgegengesetzt zur α-Strahlung abgelenkt, ist jedoch wesentlich leichter als die α-Teilchen und wird daher stärker abgelenkt.

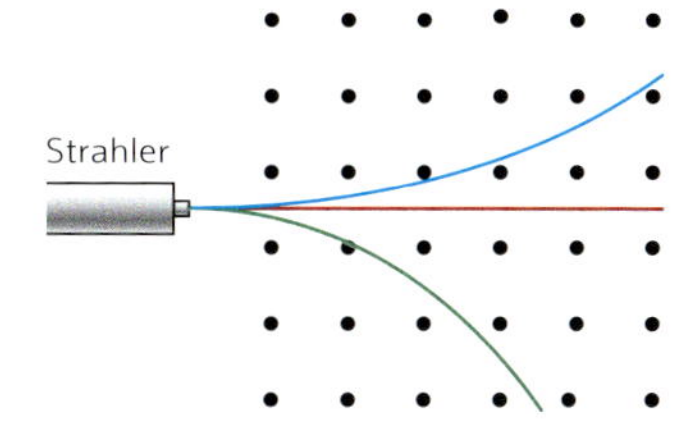

Geiger-Müller-Zählrohr, Nullrate

- Das **Geiger-Müller Zählrohr** (GMZ) nutzt die ionisierende Wirkung der Strahlung zu deren Nachweis und zum Messen ihrer Stärke. Durch die Ionisation eines Gases werden Elektronen frei, die durch eine zwischen Metallgehäuse und Drahtelektrode angelegte Spannung zur Drahtelektrode beschleunigt werden. Je nach Stärke der Spannung kann das GMZ die Energie der Strahlung oder die Anzahl der eintreffenden Strahlungsimpulse messen. In Reihe zu der Drahtelektrode ist ein hochohmiger Widerstand geschaltet, über dem die Spannung gemessen wird, wenn ein Stromimpuls vom Draht kommt. Die Impulse werden dann an eine Zählelektronik weitergeleitet und entweder auf einem Zähler sichtbar oder über einen Lautsprecher hörbar gemacht.
- Aufgrund der natürlichen Hintergrundstrahlung durch kosmische Strahlung und terrestrische Strahlung durch radioaktive Gesteine u. ä. entsteht neben der zu messenden Strahlung eine zusätzliche, die das Messergebnis verfälscht. Sie heißt **Nullrate** und muss von der Zählrate abgezogen werden.

4. Beschrifte das Geiger-Müller-Zählrohr.

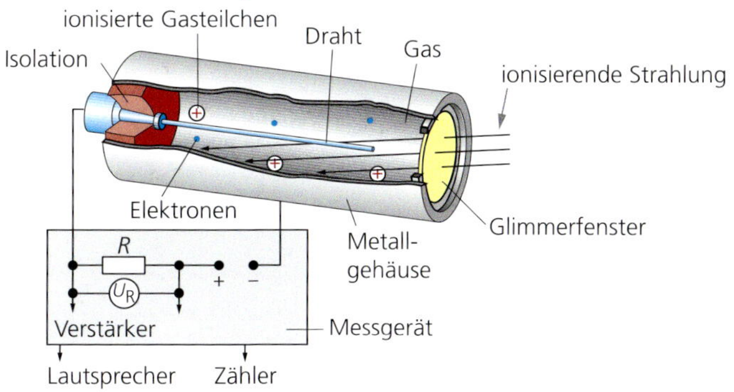

29 Kernphysik – Isotope, Nuklidkarte und Zerfallsreihen

Isotope

- Ein Isotop eines Elementes unterscheidet sich von dem im PSE aufgeführten Element durch eine abweichende Anzahl von Neutronen im Kern. Da es sich um den gleichen Stoff handelt, bleibt die Protonenanzahl gleich.

1. Deuterium und Tritium sind Isotope des Wasserstoffs. Finde heraus, wie viele Neutronen und Protonen jeweils in den Kernen dieser Isotope enthalten sind.

Der Wasserstoffkern besitzt ein Proton, Deuterium besitzt zusätzlich zu dem Proton ein Neutron. Tritium besteht sogar aus drei Nukleonen, einem Proton und zwei Neutronen.

Nuklidkarte

- In der Nuklidkarte sind die Zusammensetzungen der **stabilen** und **instabilen Kerne** dargestellt. Auf der horizontalen Achse befindet sich aufsteigend die Anzahl der Neutronen und auf der vertikalen Achse ansteigend die Anzahl der Protonen.
  Die stabilen Kerne sind schwarz gekennzeichnet, die instabilen farbig.
- In den Zeilen (waagerecht) befinden sich die **Isotope**, da die Kernladungs- oder Ordnungszahl Z konstant bleibt.
- In den Spalten (vertikal) befinden sich die **Isotone**, bei denen die Neutronenanzahl N gleich bleibt.
- In Diagonalen von links oben nach rechts unten befinden sich die **Isobare**, bei denen die Massenzahl A konstant bleibt.

2. Die vollständige Nuklidkarte sieht wie rechts abgebildet aus. Erkläre, warum bei steigender Nukleonenzahl bei ca. $Z > 30$ die Kurve gegenüber der Winkelhalbierenden abflacht.

Ab $Z > 30$ werden mehr Neutronen benötigt, damit die Coulombkräfte (gegenseitige Abstoßung der Protonen) durch die Kernkräfte kompensiert werden. Daher flacht die Kurve gegenüber der Winkelhalbierenden ab.

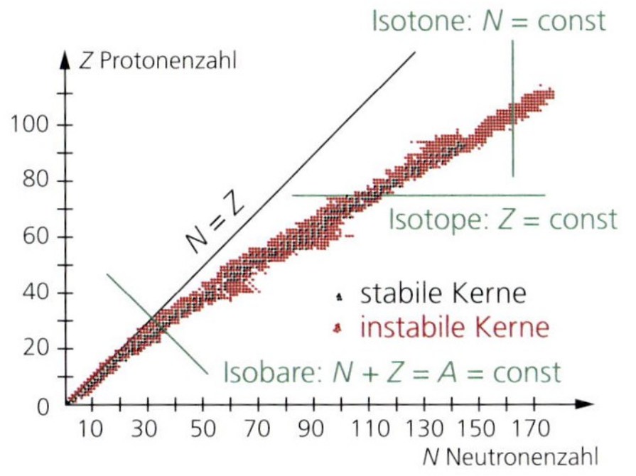

Zerfallsreihen

- Aus der detaillierten Nuklidkarte (→ Seite 30) lässt sich einerseits ablesen, welche Isotope instabil sind und andererseits lässt sich die Zerfallsreihe eines radioaktiven Stoffes bestimmen.
- Für den α-Zerfall gilt in der Nuklidkarte:
  zwei Schritte nach links und zwei nach unten: ${}^{A}_{Z}X \rightarrow {}^{A-4}_{Z-2}Y + {}^{4}_{2}He$
- Für den β^--Zerfall gilt:
  ein Schritt nach links, ein Schritt nach oben: ${}^{A}_{Z}X \rightarrow {}^{A}_{Z+1}Y + {}^{0}_{-1}e$
- Für den β^+-Zerfall gilt:
  ein Schritt nach rechts, ein Schritt nach unten (da ein Proton im Kern zu einem Neutron wird und ein Positron abgibt):
  ${}^{A}_{Z}X \rightarrow {}^{A}_{Z-1}Y + {}^{0}_{+1}e$

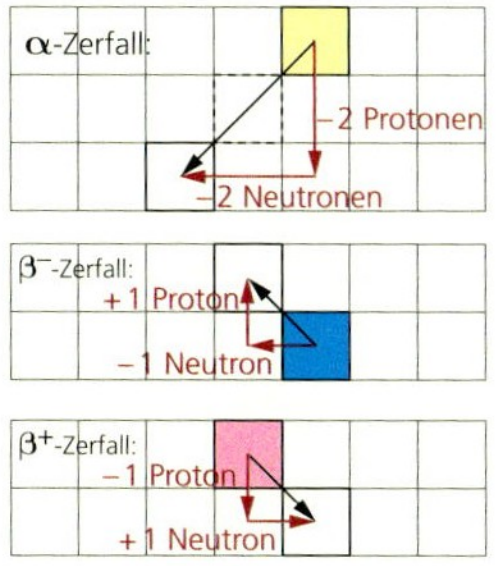

- Für den γ-Zerfall gilt: keine Bewegung in der Nuklidkarte, da sich die Nukleonenanzahl nicht verändert: ${}^{A}_{Z}X \rightarrow {}^{A}_{Z}X + \gamma$
- Die Farben in der detaillierten Nuklidkarte geben dabei Auskunft über die häufigste Zerfallsart des Stoffes.
  Gelb steht für α-Zerfall, blau für β^--Zerfall und rosa für den β^+-Zerfall.
  Schwarze Elemente sind stabil.
- Ein Isotop kann auch mehr als eine Zerfallsart gleichzeitig besitzen, da ein radioaktiver Stoff viele gleichartige Nuklide enthält. Dann muss die Zerfallsreihe für alle Arten aufgestellt werden.
  Für einen einzelnen Kern ist aber nur eine Zerfallsart möglich.

3. Erkläre, welche Bedeutung das rechts abgebildete Feld in der Nuklidkarte hat.

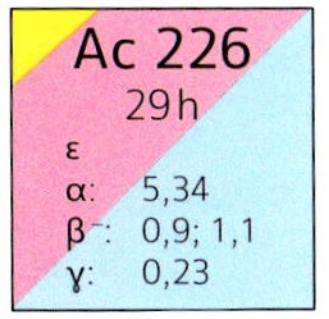

Ac ist Actinium, ein instabiles Nuklid, bei dem alle drei Zerfallsarten möglich sind. Die Farbverteilung gibt die relative Häufigkeit der jeweiligen Zerfallsart an. Die häufigste Zerfallsart ist β^--Strahlung (blau), danach folgt β^+-Strahlung (rosa). Der Zerfallsanteil der α-Strahlung (gelb) ist noch geringer. Für die γ-Strahlung ist keine Farbe angelegt.
Die Größe 29h bedeutet, dass die Halbwertszeit 29 Stunden beträgt.
Die Zahlen hinter den Zerfallsarten geben die Maximalenergien der Strahlung an.
Für α-Strahlung werden 5,34 MeV frei (Mega- Elektronenvolt) usw.

4. Schreibe die Zerfallsreihen für die folgenden Isotope auf.

a) ${}^{212}_{84}Po \xrightarrow{\alpha} {}^{208}_{82}Pb + {}^{4}_{2}He$ oder ${}^{208}_{82}Pb + \alpha$; ${}^{208}_{82}Pb$ ist stabil
$\xrightarrow{\gamma} {}^{212}_{84}Po + \gamma$ (beide Zerfallsarten müssen beachtet werden.)

b) ${}^{209}_{81}Tl \xrightarrow{\beta^-} {}^{209}_{82}Pb + e^- \xrightarrow{\beta^-} {}^{209}_{83}Bi + e^-$ ${}^{209}_{83}Bi$ ist stabil
(die Reihe endet erst auf einem stabilen Isotop = schwarz)

c) ${}^{216}_{85}At \xrightarrow{\alpha} {}^{212}_{83}Bi + {}^{4}_{2}He \xrightarrow{\alpha} {}^{208}_{81}Tl + {}^{4}_{2}He \xrightarrow{\beta^-} {}^{208}_{82}Pb + e^-$
$\xrightarrow{\beta^-} {}^{212}_{84}Po + e^- \xrightarrow{\alpha} {}^{208}_{82}Pb + {}^{4}_{2}He$
(Beide Wege führen zum gleichen stabilen Isotop.)

5. Erkläre, warum für einen einzelnen Kern nur entweder α- oder β-Zerfall möglich ist.

Nach dem Aussenden der Strahlung ändert sich der Stoff und damit auch die Strahlungseigenschaften.

30 Kernphysik – Detaillierte Nuklidkarte

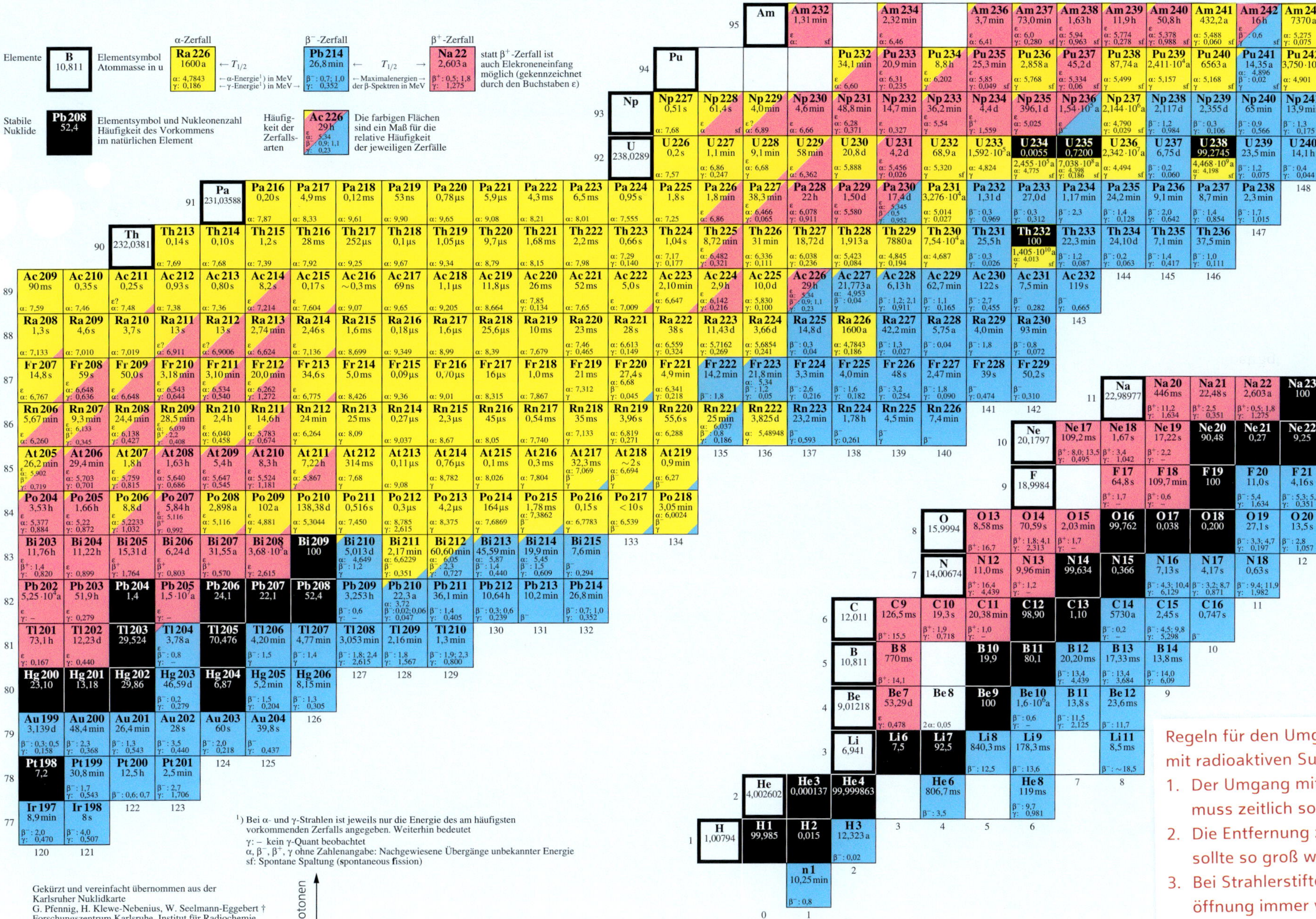

[1]) Bei α- und γ-Strahlen ist jeweils nur die Energie des am häufigsten vorkommenden Zerfalls angegeben. Weiterhin bedeutet
γ: – kein γ-Quant beobachtet
α, β⁻, β⁺, γ ohne Zahlenangabe: Nachgewiesene Übergänge unbekannter Energie
sf: Spontane Spaltung (spontaneous fission)

Gekürzt und vereinfacht übernommen aus der Karlsruher Nuklidkarte
G. Pfennig, H. Klewe-Nebenius, W. Seelmann-Eggebert †
Forschungszentrum Karlsruhe. Institut für Radiochemie

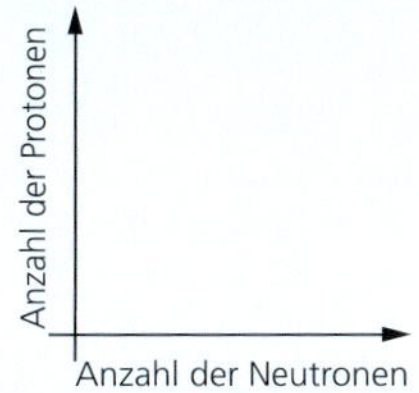

Regeln für den Umgang mit radioaktiven Substanzen

1. Der Umgang mit radioaktiven Materialien muss zeitlich so kurz wie möglich sein.
2. Die Entfernung zum strahlenden Material sollte so groß wie möglich sein.
3. Bei Strahlerstiften sollte die Strahleröffnung immer vom menschlichen Körper weg gehalten werden.
4. Gegebenenfalls sollte ein gewisser Schutz, z. B. Bleimäntel, gegen das Eindringen von ionisierender Strahlung getragen werden.

31 Kernphysik – Zerfallsgesetz, Aktivität, Energie- und Äquivalenzdosis

Zerfall *N* und Aktivität *A*

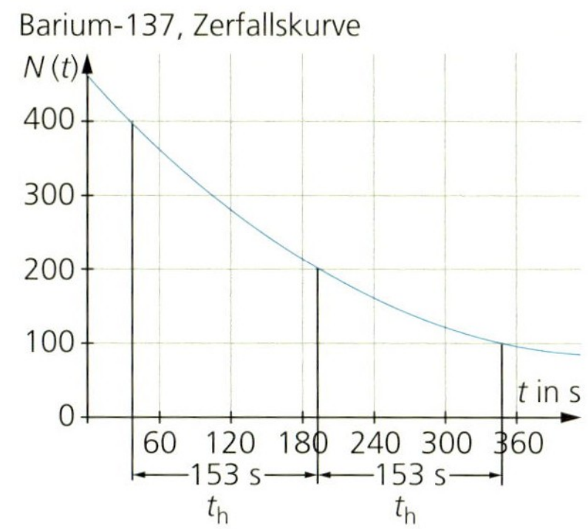

- Wie stark ein radioaktives Element bereits zerfallen ist, lässt sich mit dem **Zerfallsgesetz** bestimmen.
  Es gilt für die Anzahl der zum Zeitpunkt t noch nicht zerfallenen Kerne $N(t)$ eines Elementes: $\mathbf{N(t) = N_0 \cdot e^{-\lambda t}}$.
  N_0 ist dabei die Anzahl der Kerne bei Messbeginn, also bei $t = 0\,\text{s}$, t ist die Zeit und λ die Zerfallskonstante.
- Zur Bestimmung der **Zerfallskonstanten λ** wird die **Halbwertszeit t_H** benötigt, also die Zeit, in der ein Stoff zur Hälfte zerfallen ist. t_H ist für jedes radioaktive Nuklid charakteristisch.
  Es gilt: $\boldsymbol{\lambda = \frac{\ln 2}{t_H}}$. λ besitzt die Einheit $\frac{1}{s} = 1\,s^{-1}$.
- Die **Aktivität $A(t)$** eines Stoffes wird durch den Quotienten der Anzahl der zerfallenen Kerne $\Delta N(t)$ und der dazugehörigen Zeitspanne Δt beschrieben.
  Es gilt: $\boldsymbol{A(t) = \frac{\Delta N(t)}{\Delta t}}$
- Anders geschrieben, gelten auch:
  $\boldsymbol{A(t) = \lambda \cdot N(t)}$
  $\boldsymbol{A(t) = A_0 \cdot e^{-\lambda t}}$ mit A_0 als Anfangsaktivität
  Die Einheit der Aktivität ist $[A] = 1\,s^{-1} = 1\,\text{Bq}$ (1 Bequerel)

Halbwertszeit
29 a = 29 Jahre
29 d = 29 Tage
29 h = 29 Stunden
29 min = 29 Minuten
29 s = 29 Sekunden

Energiedosis *D* und Äquivalentdosis *H*

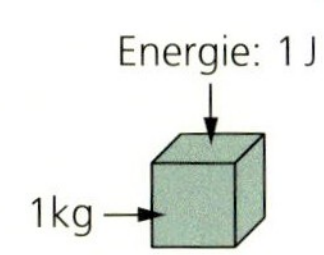

- Um die **Wirkung der Strahlung** auf Materie zu beschreiben, wird die übertragene Energiemenge ΔE pro Masse Δm betrachtet.
  Für die **Energiedosis *D*** gilt: $\boldsymbol{D = \frac{\Delta E}{\Delta m}}$
- Die Einheit der Energiedosis ist $[D] = 1\,\frac{J}{kg} = \text{Gy}$ (1 Gray).
  Dabei ist auch die Strahlungsart entscheidend.
- Jede Strahlungsart bekommt ihren eigenen Faktor, den **Bewertungs- oder Qualitätsfaktor *q***.

Strahlungsart	q
α	20
β	1
γ	1
Neutronen	5 bis 20 je nach kinetischer Energie

Einheiten:
Bq, Bequerel → Aktivität
Gy, Gray → Energiedosis
Sv, Sievert → Äquivalenzdosis

- Daraus ergibt sich die **Äquivalentdosis *H***. Es gilt: $\boldsymbol{H = q \cdot D = q \cdot \frac{\Delta E}{\Delta m}}$
  Die Einheit der Äquivalentdosis ist $[H] = 1\,s^{-1} = 1\,\text{Sv}$ (1 Sievert), so ist sie von der Energiedosis unterscheidbar.

1. Erläutere, warum die Anzahl der zerfallenden Kerne mit der Zeit immer weiter abnimmt, der prozentuale Anteil der zerfallenen Kerne in gleichen Zeitabschnitten aber immer gleich bleibt.
Es sind immer weniger Kerne vorhanden, die zerfallen können, die Anzahl sinkt.
Die Zerfallskonstante bleibt aber gleich; keine prozentuale Änderung.

2. Cs-137 besitzt eine Halbwertszeit von 30,2 a. 23 Jahre nach dem Reaktorunglück in Tschernobyl wurde in einer Bodenprobe noch eine Aktivität von 7,3 kBq gemessen.

a) Berechne die Zerfallskonstante.
$\lambda = \frac{\ln 2}{t_H} = \frac{\ln 2}{30{,}2\,a} = 0{,}023\,a^{-1}$

b) Berechne die Aktivität kurz nach dem Unfall.
$A(t) = A_0 \cdot e^{-\lambda t} \Rightarrow A_0 = \frac{A(t)}{e^{-\lambda t}} \Rightarrow A_0 = \frac{7300\,\text{Bq}}{e^{-0{,}023 \cdot 23}} = 12389{,}8\,\text{Bq} = 12\,\text{kBq}$

c) Wie viele Kerne waren nach 23 Jahren in der Bodenprobe noch nicht zerfallen?
$A(t) = \lambda \cdot N(t) \quad N(t) = \frac{A(t)}{\lambda}$ mit $\lambda = 0{,}023\,a^{-1} = \frac{0{,}023}{365 \cdot 24 \cdot 60 \cdot 60\,s}$
folgt: $N(23\,a) = \frac{7300\,\text{Bq} \cdot 365 \cdot 24 \cdot 60 \cdot 60\,s}{0{,}023} = 10 \cdot 10^{12}$ ca. 10 Trillionen Kerne

3. Für den Unterricht steht oft ein Strahlerstift Po-210 zur Verfügung.
Berechne, nach welcher Zeit die Strahlung dieses Stiftes auf $\frac{1}{100}$ der ursprünglichen Strahlung zurückgegangen ist, wenn die Halbwertszeit 138 d beträgt.
$N(t) = \frac{1}{100} N_0 \Rightarrow \frac{1}{100} N_0 = N_0 \cdot e^{-\lambda t} \quad |:N_0 \Rightarrow \frac{1}{100} = e^{-\lambda t} \quad |\ln$ (⇒ Umkehrfunktion zu e)
$\ln\left(\frac{1}{100}\right) = -\lambda t$ mit $\lambda = \frac{\ln 2}{138\,d} = 5{,}02 \cdot 10^{-3} \frac{1}{d} \Rightarrow t = \frac{\ln\left(\frac{1}{100}\right)}{-5{,}02 \cdot 10^{-3} \frac{1}{d}} \approx 917\,d$

4. Das radioaktive Edelgas Radon Rn-222 dringt aus dem Erdreich durch feine Risse und Fugen in den Kellerwänden in das Haus ein und verteilt sich über Kabelschächte, Rohrdurchführungen und offene Türen überall.

a) Finde heraus, welcher Bewertungsfaktor für Rn-222 gilt.
Rn-222 ist in der Nuklidkarte gelb hinterlegt, also ein α-Strahler. Daher ist $q = 20$.

b) Der in Deutschland festgelegte Grenzwert der Äquivalentdosis für Personen, die mit Strahlung arbeiten, beträgt 20 mSv. Berechne, wie viel Energie auf einen 75 kg schweren Menschen durch Rn-222 bei Erreichen des Grenzwertes übertragen wird.
$H = q \cdot D = q \cdot \frac{\Delta E}{\Delta m}; \quad \Delta E = H \cdot \frac{\Delta m}{q} = \frac{20 \cdot 10^{-3}\,\text{Sv} \cdot 75\,\text{kg}}{20} = 75\,\text{mJ}$

5. **α**-Strahlung kann sehr leicht abgeschirmt werden.
Erkläre, warum sie trotzdem den größten Bewertungsfaktor besitzt.
Trifft die α-Strahlung von außen auf menschliches Gewebe, ist ihre Eindringtiefe so gering, dass sie meist im Bereich der abgestorbenen Hautzellen bleibt. Inkorporiert (also in den Körper aufgenommen) ist α-Strahlung durch ihre ionisierende Wirkung sehr gefährlich, da ihre Wirkung nicht sofort zum Zelltod führen muss, sondern zum Verlust der Teilungsfähigkeit der Zelle führen kann. Der natürliche Ablauf im Körper ist gestört.

Kernspaltung

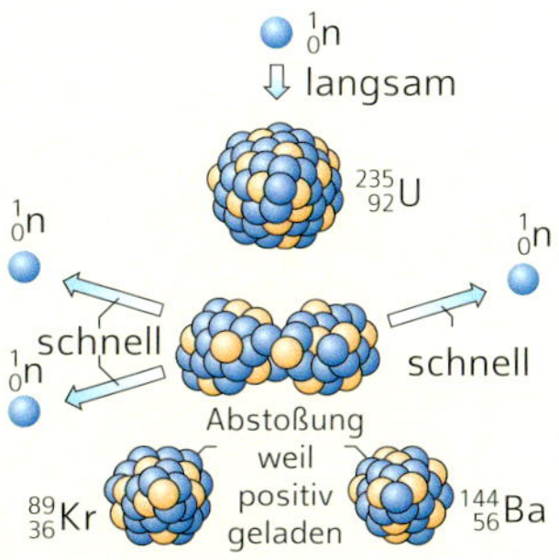

- Bei der Kernspaltung wird ein **Kern** mit **höherer Ordnungszahl** mit einem **langsamen Neutron** beschossen.
  Der Kern fängt das Neutron ein, wird dadurch **instabil** und zerfällt nach sehr kurzer Zeit (1 Billionstel Sekunde) in zwei **kleinere Kerne** und eine bestimmte Anzahl von Neutronen. Dadurch, dass die Kerne kleiner sind, wird ein Teil der **Kernbindungsenergie** des großen Kerns frei.
  Ein Material, welches sich gut spalten lässt, ist U 235:
  $^{235}_{92}U + ^1_0n \longrightarrow ^{236}_{92}U \longrightarrow ^{89}_{36}Kr + ^{144}_{56}Ba + 3\,^1_0n$
- Die Spaltprodukte geben ihre kinetische Energie an ihre Umgebung ab, sodass sich diese erwärmt. In Kernkraftwerken wird diese Wärme zur Wandlung von innerer Energie in elektrische Energie genutzt. Da bei der Spaltung aber bis zu drei Neutronen freigesetzt werden können, müssen 1 bis 2 davon „eingefangen" werden, um einen lawinenartigen Anstieg der Anzahl von Neutronen zu verhindern (**kontrollierte Kettenreaktion**).

1. Bestimme, welche Kerne und wie viele Neutronen bei diesem Zerfall entstehen.

$^{235}_{92}U + ^1_0n \longrightarrow$ ☐ ☐ $\longrightarrow ^{94}_{37}$☐ + ^{140}☐ + ☐ ☐

$^{235}_{92}U + ^1_0n \longrightarrow ^{236}_{92}U \longrightarrow ^{94}_{37}Rb + ^{140}_{55}Cs + 2\,^1_0n$; es entstehen Rubidium, Caesium und 2 Neutronen.

2. Erkläre, warum es wichtig ist, die bei der Spaltung in Kernkraftwerken entstehenden Neutronen „einzufangen".

Entstehen zu viele Neutronen, kommt es nach deren Abbremsung zu einer Kettenreaktion, die lawinenartig ansteigt. Die dabei frei werdende Energie kann nicht mehr ausreichend abgeführt werden. Es kommt zur Überhitzung und schlimmstenfalls zur Zerstörung des Kernkraftwerkes.

3. Im Militär findet die unkontrollierte Kettenreaktion ihren Einsatz. Erkläre.

Die unkontrollierte Kettenreaktion findet in der **Atombombe** ihren Einsatz. Die Menge spaltbaren Materials ist so groß, dass die Reaktion, durch eine Startreaktion initiiert, sich lawinenartig fortpflanzt und so viel innere Energie frei setzt, dass es zur Explosion kommt. 1941 beschloss Präsident Roosevelt in den USA ein Programm zur Entwicklung dieser Bombe.

Kernreaktoren

Es gibt unterschiedliche Reaktortypen (z. B. Siede- und Druckwasserreaktoren), deren Grundprinzip aber immer gleich ist.

- Alle besitzen genügend **spaltbares Material** (z. B. U 235, U 233, Pu 239). Die Kerne werden mit langsamen (thermischen) Neutronen beschossen und spalten sich dann.
- Die dabei entstehenden schnellen Neutronen werden durch **Moderatoren** (z. B. Wasser, Graphit) so weit abgebremst, dass sie für den weiteren Kernspaltungsprozess zur Verfügung stehen.
- Damit keine unkontrollierte Kettenreaktion entsteht, müssen 1 bis 2 Neutronen eingefangen werden. Dies geschieht durch die **Regelstäbe** aus Cadmium oder Bor.
  Mit der Eindringtiefe in den Reaktor kann die Kettenreaktion kontrolliert werden.
- Bei der Spaltung wird innere Energie frei. Sie wird zur Erwärmung von Wasser und zur Erzeugung von **Wasserdampf** genutzt (damit ist das Kernkraftwerk ein Wärmekraftwerk), der dann **Turbinen** antreibt, die einen **Generator** betreiben, der die kinetische Energie der Turbinen in elektrische Energie wandelt.
- Die einzelnen Reaktortypen unterscheiden sich aber deutlich in ihren Sicherheitsvorkehrungen.

4. Finde anhand der Schemata die Unterschiede der beiden Kernkraftwerke heraus.

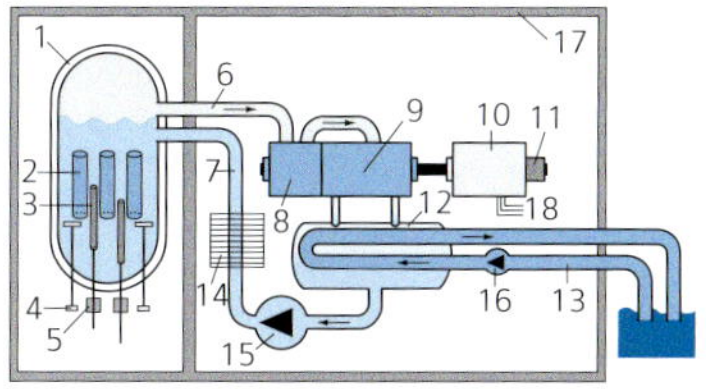

1 Reaktordruckbehälter
2 Brennelemente
3 Steuerstäbe
4 Umwälzpumpen
5 Steuerstabantriebe
6 Heißdampf
7 Speisewasser
8 Hochdruckturbine
9 Niederdruckturbine
10 Generator
11 Erregermaschine
12 Kondensator
13 Kühlwasser
14 Vorwärmer
15 Speisewasserpumpe
16 Kühlwasserpumpe
17 Betonabschirmung
18 Leitung zum Stromnetz

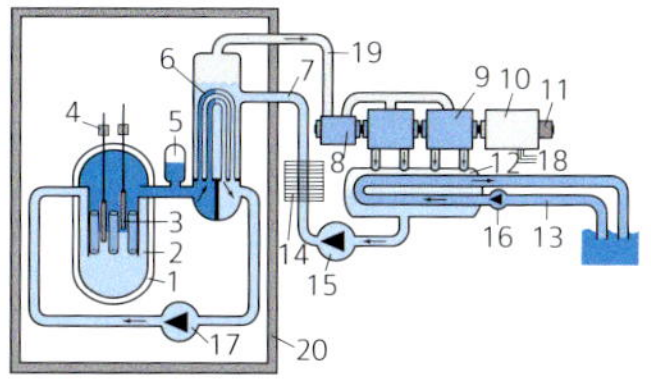

1 Reaktordruckbehälter
2 Brennelemente
3 Steuerstäbe
4 Steuerstabantriebe
5 Druckhalter
6 Dampferzeuger
7 Speisewasser
8 Hochdruckturbine
9 Niederdruckturbine
10 Generator
11 Erregermaschine
12 Kondensator
13 Kühlwasser
14 Vorwärmer
15 Sekundärwasserpumpe
16 Kühlwasserpumpe
17 Primärwasserpumpe
18 Leitung zum Stromnetz
19 Frischdampf
20 Betonabschirmung

Der **Siedewasserreaktor** (links) besitzt nur einen Wasser-Dampf-Kreislauf, d. h. die Turbine hat mit radioaktiven Stoffen Kontakt. Der **Druckwasserreaktor** (rechts) besitzt zwei Kreisläufe, den Primärkreislauf, in dem das radioaktive Wasser unter hohem Druck trotz der hohen Temperatur flüssig bleibt und seine innere Energie an den Sekundärkreislauf abgibt, in dem der Dampf für die Turbinen erzeugt wird. Die Turbinen haben keinen Kontakt zu radioaktiven Stoffen.

Kernfusion

- Bei der Kernfusion „verschmelzen" zwei **leichte Kerne** zu einem schwereren Kern.
  Dafür muss die Coulomb-Abstoßung zwischen den Kernen überwunden werden, sodass bereits sehr viel Energie notwendig ist, die Kernfusion zu starten.
  Bei der Verschmelzung wird ebenfalls viel Energie frei, da die **Kernbindungsenergie** des neuen Kerns kleiner ist als die Summe der Energien der beiden Ausgangskerne.
  Die Energiedifferenz ist der nutzbare Betrag zur Erzeugung von Strom.
- In der **Sonne** findet die Kernfusion statt und es verschmelzen z. B. Deuterium ^2_1H und Tritium ^3_1H unter Abgabe eines Neutrons zu Helium ^4_2He.
  Dies in der Forschung nachzubauen ist allerdings noch mit vielen Problemen behaftet, da Temperaturen von mehr als 100 000 000 °C erzeugt und gehandhabt werden müssen.
  Zudem werden viele hochenergetische Neutronen frei, die die Reaktorumgebung schädigen.

33 Stichwortverzeichnis